문자	발음	문자 이름	한글 대조
A a	[a]	a	아
B b	[b]	be	베
C c	[dʒ]	ce	제
Ç ç	[tʃ]	çe	체
D d	[d]	de	데
E e	[e], [æ]	e	에
F f	[f]	fe	페
G g	[g], [ɟ]	ge	게
Ğ ğ	[ɰ]	yumuşak ge	유무샥 게
H h	[h]	he	헤
I ı	[o]	ı	으
İ i	[i]	i	이
J j	[ʒ]	je	줴
K k	[k], [c]	ke	케
L l	[ɫ], [l]	le	레

문자	발음	문자 이름	한글 대조
M m	[m]	me	메
N n	[n], [ŋ]	ne	네
O o	[o]	o	오
Ö ö	[œ]	ö	외
P p	[p]	pe	페
R r	[ɾ]	re	레
S s	[s]	se	세
Ş ş	[ʃ]	şe	셰
T t	[t]	te	테
U u	[u]	u	우
Ü ü	[y]	ü	위
V v	[v]	ve	붸
Y y	[j]	ye	예
Z z	[z]	ze	제

한 번만 봐도 기억에 남는

테마별 _{회화}

터키어 단어

2300

한 번만 봐도 기억에 남는

테마별 회화 ✓
터키어단어
2300

양민지 지음 /
Hatice Köroğlu Türközü 감수

Vitamin
비타민북 BOOK

터키는 동쪽으로는 유럽, 서쪽으로는 아시아, 남쪽으로는 중동지역, 북쪽으로는 러시아와 맞닿아 있는 아나톨리아 반도에 위치해 있습니다. 그래서 흔히 터키를 동서양 문화의 교차점이라고 부릅니다.

흑해와 지중해, 에게해를 삼면으로 둔 아나톨리아 반도에는 일찍이 다양한 문명과 문화가 흥망성쇠를 겪었습니다. 고대 인류의 집단 거주지인 차탈회윅, 리디아 왕국, 이오니아 문명, 최초로 철기 문명을 사용했다고 알려진 히타이트 제국, 황금의 손 이야기와 임금님 귀는 당나귀 귀 이야기의 주인공인 미다스 왕, 세계 7대 불가사의 유적지 중 하나인 아르테미스 신전, 호메로스의 탄생지 이즈미르, 역사가 헤로도토스의 탄생지 보드룸, 소아시아 7대 교회와 성서에 등장하는 카파도키야, 에페스(에베소), 아브라함의 고향인 샨르 우르파, 사도 바울의 고향 타르수스(다소)와 초기 기독교 공동체 안타키야(안디옥), 티그리스 강과 유프라테스 강의 발원지 등. 터키는 이처럼 고대부터 우리가 흔히 역사라고 부르는 다양한 유적과 유물 그리고 수많은 문명의 흔적들을 품고 있습니다.

구석기 시대부터 히타이트 시대, 페르시아와 헬레니즘, 로마, 비잔틴 시대를 거쳐 현 터키 인의 조상인 튀르크 인들이 정착하여 세운 셀주크 제국시대와 오스만 제국 시대를 거치 면서 다양한 문화와 역사가 지금의 터키를 만들어 냈습니다.

제1차 세계대전 이후 찬란했던 오스만 제국이 몰락하고 무스타파 케말(Mustafa Kemal: 터키의 국부라는 의미로, 현재는 'Atatürk 아타튀르크' 라고 불림) 장군이 1919년 독립전쟁을 승리로 이끌면서 1923년 터키 공화국이 수립되었습니다. 터키 공화국은 터키어로 'Türkiye Cumhuriyeti 튀르키예 줌후리예티' 라고 표기하고 터키어는 'Türkçe 튀르크체', 터키인(튀르크족)은 'Türk 튀르크' 라고 표기합니다.

터키어는 어순이 한국어와 비슷하고 터키 문화를 보면 한국의 옛 모습과 많이 닮아 있습니다. 또한, 터키인들은 한국의 6.25 전쟁에 참전하여 함께했기 때문에 한국인을 'Kan kardeşi 칸 카르데쉬: 피를 나눈 형제' 라고 부르며 한국을 매우 친근하게 생각하고 있습니다.

터키어는 비록 다른 언어에 비해 접할 기회가 적은 언어이지만 이 책에서는 생활에 필요한 단어들을 바탕으로 하여 터키어를 처음 접하는 분들도 비교적 어렵지 않게 배울 수 있도록 구성하였습니다. 또한 터키 문화에 대한 짧은 글과 그림을 실어 터키 문화도 이해할 수 있도록 했습니다. 미흡하고 부족한 점이 많지만 이 책을 통해 터키어를 조금이나마 배우게 되고 터키문화와 터키인을 이해하는 데 도움이 되었으면 합니다.

양민지

이 책은 본문을 10개 테마(Theme)로 나누고, 테마별로 작은 Unit을 두어 다양한 주제별 어휘(전체 어휘 약 2,300개 정도)를 실었다.

★ 그림 단어

재미있게 단어를 외울 수 있도록 그림을 함께 실었고, 터키어에 더욱 쉽게 접근할 수 있도록 발음을 한글로 표기하였다. 또한 각 단어 아래에는 실생활 회화에서 흔히 사용되는 짧은 문장을 실어, 그 단어가 생생하게 연상 기억될 수 있도록 하였다.

★ 관련 단어

그림 단어와 관련된 테마의 단어를 보충하여, 터키어의 어휘를 한층 더 넓힐 수 있게 하였다.

★ 회화와 짧은 문장

테마별 상황에 관련된 짧은 회화나 단어를 이용한 문장을 실어, 터키어로 읽고 익힐 수 있게 하였다.

★ 복습문제

Theme가 끝날 때마다 복습문제를 두어, 단어를 익힌 후에는 스스로 테스트해 볼 수 있도록 하였다.

★ 터키 문화 엿보기

우리가 잘 알지 못하는 터키 문화의 단면을 소개하여 터키에 대한 이해를 돕고자 하였다.

★ 한글과 터키어 색인(Index)

본문에 나온 어휘를 가나다 순의 한글 색인과 알파벳 순의 터키어 색인으로 만들어, 한글과 터키어 어느 쪽으로든 찾아보기 쉽게 배려하였다.

CONTENTS

Theme 7

→ **Ekonomi · Toplum**
경제 · 사회 ······························· 193

Theme 8

→ **Alışveriş** 쇼핑 ······························· 213

Theme 9

→ **Spor · Hobi**
스포츠 · 취미 ························· 243

→ Doğa 자연 ⋯⋯⋯⋯⋯⋯⋯⋯⋯⋯⋯⋯ 271

Index ⋯⋯⋯⋯⋯⋯⋯⋯⋯⋯⋯⋯⋯⋯⋯ 329

Theme

10

터키어 문자와 발음

터키어는 대표적인 튀르크계 언어로 주로 터키와 북 사이프러스에서 사용되고 있다. 튀르크계 언어로는 터키어, 아제르바이잔어, 카자흐어, 우즈벡어, 튀르크멘어, 키르기스어, 야쿠트어, 알타이어, 위구르어, 가가우즈어 등이 있다.

튀르크족은 6세기에 돌궐 제국을 세운 민족으로 이후 서쪽으로 이주하여 현대의 터키인, 아제르바이잔인, 카자흐인, 우즈벡인, 튀르크멘인, 위구르인 등으로 발전하였다.

터키인의 조상은 약 10세기 이후 본격적으로 아나톨리아 반도에 정착하여 셀주크 제국을 세우고 이후 오스만제국을 이룬 오우즈 튀르크 족으로 알려져 있으며 터키어 또한, 오우즈 어군에 속해 있다. 오스만제국 시절에는 아랍 문자를 차용하여 터키어를 표기했으나, 이후 1928년 라틴 문자를 바탕으로 한 터키어 알파벳을 사용하고 있다.

터키어의 문법적 특징으로는 주어+목적어+서술어 순으로 어순이 나타난다는 점, 모음조화와 자음동화 및 교착성이 나타난다는 점, 어두에 유음 및 자음군이 오지 않는다는 점, 어간(語幹)에 접사가 붙어 파생어를 만들거나 문법적 기능혹은 관계를 나타낸다는 점, 서술어를 보면 문장의 주어를 파악할 수 있다는 점(인칭접사), 격식체와 비격식체(친근감의 표시)가 있다는 점 등을 들 수 있다.

터키어 알파벳 (Türk Alfabesi)

현대 터키어는 자음 21개와 모음 8개, 모두 29개의 음운으로 이루어져 있다.

문자	발음기호	문자 이름	한글 대조	문자	발음기호	문자 이름	한글 대조
A a	[a]	a	아	**M m**	[m]	me	메
B b	[b]	be	베	**N n**	[n], [ŋ]	ne	네
C c	[dʒ]	ce	제	**O o**	[o]	o	오
Ç ç	[tʃ]	çe	체	**Ö ö**	[œ]	ö	외
D d	[d]	de	데	**P p**	[p]	pe	페
E e	[e], [æ]	e	에	**R r**	[ɾ]	re	레
F f	[f]	fe	페	**S s**	[s]	se	세
G g	[g], [ɟ]	ge	게	**Ş ş**	[ʃ]	şe	셰
Ğ ğ	[ɯ]	yumuşak ge	유무샥 게	**T t**	[t]	te	데
H h	[h]	he	헤	**U u**	[u]	u	우
I ı	[o]	ı	으	**Ü ü**	[y]	ü	위
İ i	[i]	i	이	**V v**	[v]	ve	붸
J j	[ʒ]	je	줴	**Y y**	[j]	ye	예
K k	[k], [c]	ke	케	**Z z**	[z]	ze	제
L l	[ɫ], [l]	le	레				

현대 터키어는 라틴 문자로 표기하며, 명칭은 모음일 경우 라틴 문자대로 읽고 자음일 경우 뒤에 [e]를 붙여 읽는다.

터키 알파벳에서는 Q, X, W를 사용하지 않는다. 그러나 외국 이름이나 차용어 (외래어)일 경우 사용하기도 한다.

터키어 ğ는 음가가 없는 글자로 어두에 오지 않는다. 보통 ğ가 모음 a, ı, o, u 사이에 오면 앞의 모음을 장모음화 시키고 e, i, ö, ü 사이에 오면 대개 y [j]로 발음한다.

S는 발음기호 [s]에 해당하며, 그 다음에 오는 모음의 영향을 받아 'ㅅ' 혹은 'ㅆ'에 가깝게 발음된다. 보통 터키어 s의 한글 음가 표기는 'ㅅ' 혹은 'ㅆ'으로 표기되는데 이 책에서는 'ㅅ'으로 표기했으며 si일 경우 '씨'로, sö는 '쐬'로, sü는 '쒸'로 표기했다.

Ş는 [ʃ]로 발음되며 한국어 '신라'의 'ㅅ'에 가깝게 소리 난다.

V는 'ㅂ웨/붸'에 가까운 발음이며, 모음 a와 u 사이에서는 w로 발음한다. 이 책에서는 'ㅂ'으로 표기하였다.

C는 '제', J는 '줴', Z는 'ㅅ제'에 가깝게 발음한다. 이 책에서는 'ㅈ'로 표기하였다.

터키어의 모음 (ünlüler)

구분	평순모음		원순모음	
	개모음	폐모음	개모음	폐모음
후설모음	a	ı	o	u
전설모음	e	i	ö	ü

터키어 모음체계에는 이중모음이 없기 때문에 순수 터키어에서는 모음이 잇달아 나타나는 것을 기피한다.

터키어의 자음 (ünsüzler)

자음은 다음과 같이 나뉜다.

파열무성자음	ç k p t	파열유성자음	b d c g
파찰무성자음	f h s ş	파찰유성자음	ğ j m v y z
유음	l r	비음	m n

유성자음	b c d g ğ j l m n r v y z
무성자음	ç f h k p s ş t

터키어의 자음동화

다음 파열 무성 자음 뒤에 모음으로 시작하는 접사가 올 경우 무성음이 유성음으로 바뀐다. (역행)

ç→c, k→ğ, p→b, t→d

예 kitap 책 + ı (~을/ 목적격 접사) → kitabı 책을

유성자음으로 시작하는 접사가 올 경우 유성음이 무성음으로 바뀐다. (순행)

c→ç, d→t, g→k

예 kitap+cı (~하는 사람/직업을 나타내는 접사) → kitapçı 서점 주인

sınıf 교실 + da (~에/처격) → sınıfta 교실에

터키어의 인칭대명사와 격변화 활용

인칭대명사	단수	복수
1인칭	ben	biz
2인칭	sen	siz
3인칭	o	onlar

인칭대명사		소유격	목적격	여격	처격	탈격
격변화		~의	~을/를	~에게	~에	~로 부터/ ~에게서
1인칭	ben	benim	beni	bana	bende	benden
	biz	bizim	bizi	bize	bizde	bizden
2인칭	sen	senin	seni	sana	sende	senden
	siz	sizin	sizi	size	sizde	sizden
3인칭	o	onun	onu	ona	onda	ondan
	onlar	onların	onları	onlara	onlarda	onlardan

명사	소유격	목적격	여격	처격	탈격
ev	evin	evi	eve	evde	evden
집	집의	집을	집으로	집에	집에서
oda	odanın	odayı	odaya	odada	odadan
방	방의	방을	방으로	방에	방에서
okul	okulun	okulu	okula	okulda	okuldan
학교	학교의	학교를	학교로	학교에	학교에서

THEMATIC TURKISH WORDS

Theme ①

→ İnsan 인산 **인간**

1 인간

2 가정

3 수

4 도시

5 교통

6 업무

7 경제·사회

8 쇼핑

9 스포츠·취미

10 지역

 Unit **01**

Vücut 뷔줏 **신체**

baş 바쉬 머리 부분

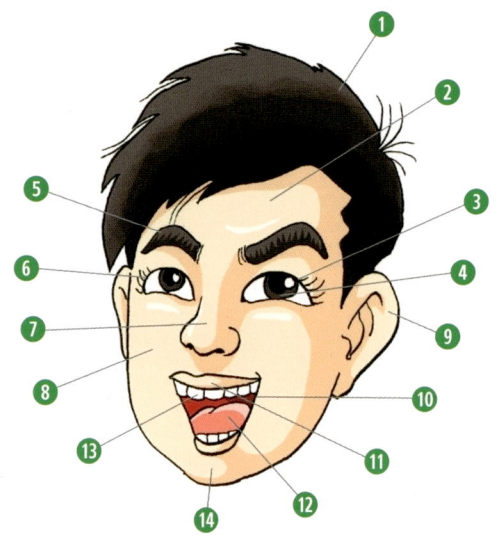

1 **saç** 사츠 머리카락

2 **alın** 알른 이마

3 **göz** 괴즈 눈

4 **göz bebeği** 괴즈 베베이 눈동자

5 **kaş** 카쉬 눈썹

6 **kirpik** 키르픽 속눈썹

1 인간

2 가정

3 수

4 도시

5 교통

6 업무

7 경제 · 사회

8 쇼핑

9 스포츠 · 취미

10 자연

❼ burun 부룬 코

❽ yanak 야낙 볼, 뺨

❾ kulak 쿨락 귀

❿ ağız 아으즈 입

⓫ dudak 두닥 입술

⓬ dil 딜 혀

⓭ diş 디쉬 이, 치아

⓮ çene 체네 턱

관련 단어

- □ **yüz** 유즈 얼굴
- □ **gamze** 감제 보조개
- □ **ben** 벤 점
- □ **kırışıklık** 크르쉭륵 주름
- □ **sivilce** 씨빌제 여드름
- □ **sakal** 사칼 수염 / **bıyık** 브이윽 콧수염

dialog

A: O kız güzel mi?
오 크즈 귀젤 미
그녀는 예뻐요?

B: Evet, o kızın yüzü güzel.
에벳 오 크즌 유쥐 귀젤
그녀는 얼굴이 예뻐요.

Ön Görünüş 왼 괴뤼뉘쉬 앞모습

1. **boyun** 보윤 목
2. **kol** 콜 팔
3. **göğüs** 괴위스 가슴
4. **omuz** 오무즈 어깨
5. **el** 엘 손
6. **parmak** 파르막 손가락
7. **karın** 카른 배
8. **göbek** 괴벡 배꼽
9. **kaburga** 카부르가 갈비뼈
10. **leğen kemiği** 레엔 케미이 골반
11. **bacak** 바작 다리
12. **diz** 디즈 무릎
13. **ayak bileği** 아약 빌레이 발목
14. **ayak** 아약 발

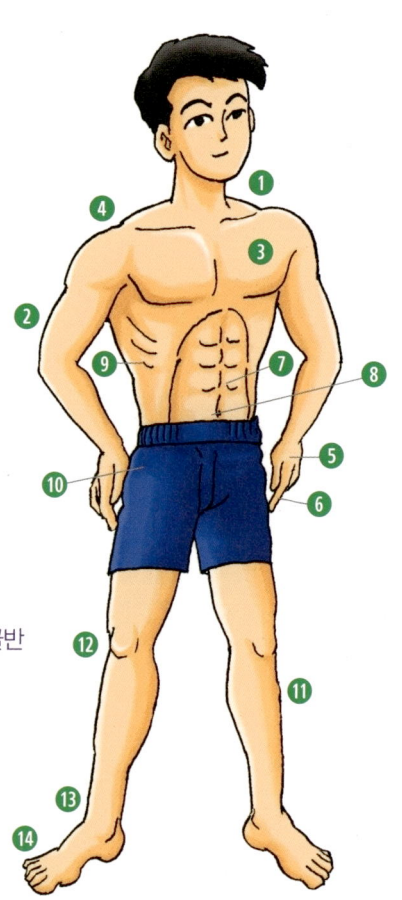

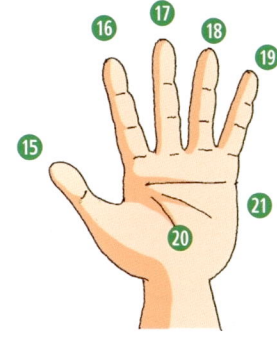

⑮ **baş parmak** 바쉬 파르막 엄지

⑯ **işaret parmağı** 이샤렛 파르마으 인지, 집게손가락

⑰ **orta parmak** 오르타 파르막 중지, 가운뎃손가락

⑱ **yüzük parmağı** 유쥑 파르마으 약지, 넷째손가락

⑲ **serçe parmak** 세르체 파르막 소지, 새끼손가락

⑳ **avuç içi** 아우츠 이치 / **aya** 아야 손바닥

㉑ **elin üstü** 엘린 위스튀 손등

dialog

A: Senin bacakların gerçekten uzunmuş.
세닌 바작라른 게르첵텐 우준무쉬
너, 다리가 참 길구나!

B: Tabii ki. Ayrıca benim parmaklarım da çok uzundur.
타비 키, 아이르자 베님 파르막라름 다 촉 우준두르
그렇지. 게다가 난 손가락도 무척 길어.

관련 단어

- □ **yumruk** 윰룩 주먹
- □ **el bileği** 엘 빌레이 손목
- □ **tırnak** 트르낙 손톱
- □ **tırnaklarını kesmek** 트르낙라르느 케스멕 손톱을 깎다
- □ **el çizgisi** 엘 치즈기씨 손금
- □ **el çizgisine bakmak** 엘 치지기스네 바크막 손금을 보다
- □ **parmak izi** 파르막 이지 지문
- □ **solak** 솔락 왼손잡이

dialog

A: Tırnakların çok uzun değil mi?
트르낙라른 촉 우준 데일 미?
너 손톱 너무 길지 않니?

B: Biliyorum. Fakat kesecek vaktim yoktu.
빌리요룸. 파캇 케세젝 박팀 욕투.
알아.그런데 깎을 시간이 없었어.

1 인간

2 가정

3 수

4 도시

5 교통

6 업무

7 경제·사회

8 쇼핑

9 스포츠·취미

10 자연

Arka Görünüş 아르카 괴뤼뉘쉬 뒷모습

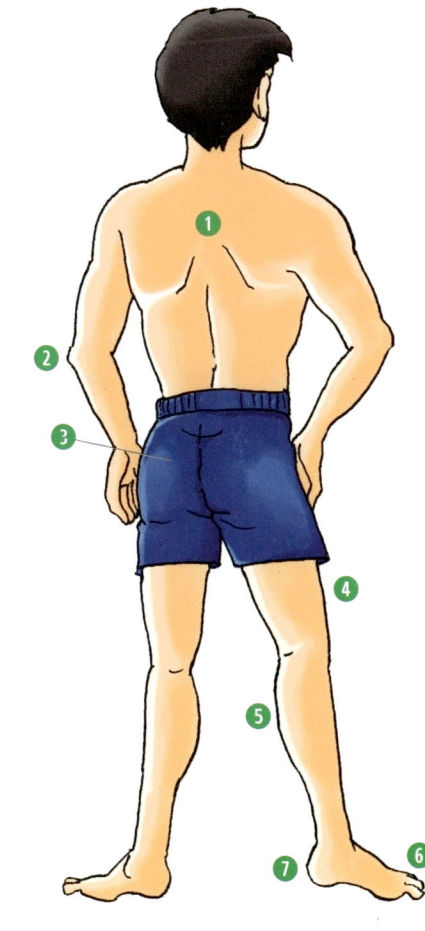

① **sırt** 스르트 등

② **dirsek** 디르섹 팔꿈치

③ **kalça** 칼차 엉덩이

④ **uyluk** 우이룩 허벅지

⑤ **baldır** 발드르 종아리

⑥ **ayak parmağı** 아약 파르마으 발가락

⑦ **topuk** 토푹 뒤꿈치

Organlar 오르간라르 기관

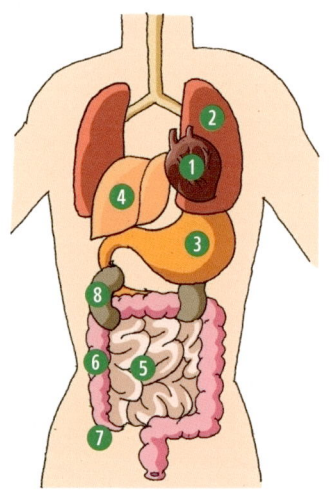

❶ **kalp** 칼프 심장

❷ **akciğer** 악지에르 폐

❸ **mide** 미데 위

❹ **karaciğer** 카라지에르 간

❺ **ince bağırsak** 인제 바으르삭 소장

❻ **kalın bağırsak** 칼른 바으르삭 대장

❼ **kör bağırsak** 쾨르 바으르삭 / **apandis** 아판디스 맹장

❽ **böbrek** 뵈브렉 신장

1 인간

2 가정

3 수

4 도시

5 교통

6 업무

7 경제·사회

8 쇼핑

9 스포츠·취미

10 자연

관련 단어

- □ **beyin** 베인 뇌
- □ **bel kemiği** 벨케미이 / **omurga** 오무르가 척추
- □ **sinir** 씨니르 신경
- □ **hücre** 휴즈레 세포
- □ **kan damarı** 칸 다마르 혈관
- □ **kan** 칸 혈액, 피
- □ **kemik** 케믹 뼈
- □ **eklem** 에클렘 관절
- □ **kas** 카스 근육
- □ **cilt** 질트 피부
- □ **et** 엣 살
- □ **bağırsak** 바으르삭 장
- □ **idrar torbası** 이드라르 토르바스 / **mesane** 메사네 방광

dialog

A: **O, çok hassas birine benziyor.**
오 촉 핫사스 비리네 벤지요르.
저 사람 신경이 무척 예민한가 봐.

B: **Neden?**
네덴?
왜?

A: **Alçak sesle konuştuğumuz halde sürekli bize bakıyor.**
알착 세슬레 코누슈투우무즈 할데 쒸레클리 비제 바크요르.
우리가 작은 소리로 말하는데도 자꾸 쳐다보잖아.

Aile 아일레 **가족**

☐ **dede** 데데 /

büyükbaba 뷔육바바 할아버지, 조부

☐ **büyükanne** 뷔육안네 /

nine 니네 할머니, 조모

☐ **babaanne** 바바안네 친할머니, 친조모

☐ **anneanne** 안난네 외할머니, 외조모

Dedem yarın dönecek.
데뎀 야른 되네젝
할아버지는 내일 돌아오신다.

☐ **baba** 바바 아빠, 아버지, 부친

☐ **anne** 안네 /

ana 아나 엄마, 어머니, 모친

Annem çok güzeldir.
안넴 촉 귀젤디르
우리 엄마는 정말 예쁘다.

☐ **amca** 암자 삼촌, 아저씨

☐ **teyze** 테이제 이모, 아주머니

Amcam bana harçlık verdi.
암잠 바나 하르츠륵 베르디
삼촌이 용돈을 주셨다.

1 인간

2 가정

3 수

4 도시

5 교통

6 업무

7 경제 · 사회

8 쇼핑

9 스포츠 · 취미

10 자연

□ **oğul** 오울 아들

□ **kız** 크즈 딸

Komşunun oğlu hala
çok küçük.
콤슈눈 오울루 할라 촉 퀴췩
옆집 아들은 아직 어리다.

□ **abi** 아비 형, 오빠

□ **abla** 아블라 누나, 언니

Abimle ablam beni çok sever.
아빔레 아블람 베니 촉 세베르
형과 누나는 나를 귀여워한다.

□ **erkek kardeş** 에르켁 카르데쉬 남동생

□ **kız kardeş** 크즈 카르데쉬 여동생

Kız kardeşim gerçekten iyi kalpli biridir.
크즈 카르데심 게르첵텐 이이 칼플리 비리디르
내 여동생은 정말 착하다.

관련 단어

□ **kardeş** 카르데쉬 형제

□ **kız kardeş** 크즈 카르데쉬 자매

□ **kuzen** 쿠젠 사촌

□ **yeğen** 예엔 조카

□ **kayınbaba** 카이은바바 시아버지

□ **kaynana** 카이나나 시어머니

□ **kayın peder** 카이은 페데르 장인

□ **kayın valide** 카이은 발리데 장모

□ **damat** 다마트 사위

□ **gelin** 겔린 며느리

□ **görümce** 괴륌제 시누이

□ **yenge** 옝게 올케

□ **bacanak** 바자낙 / **kayın** 카이은 시동생

□ **kayın birader** 카이은 비라데르 처남

□ **hala** 할라 고모

□ **teyze** 테이제 이모

□ **akraba** 아크라바 친척

□ **komşu** 콤슈 이웃

□ **ata** 아타 조상

Hayat 하얏 **인생**

1 인간

2 가정

3 수

4 도시

5 교통

6 업무

7 경제·사회

8 쇼핑

9 스포츠·취미

10 자연

□ **doğum** 도움 탄생
□ **bebek** 베벡 아기

□ **çocuk** 초죽 어린이, 꼬마

Çocuk neşe içinde oynuyor.
초죽 네셰 이친데 오이누요르
꼬마가 재미있게 놀고 있다.

□ **oğlan** 오을란 소년
□ **kız** 크즈 소녀

□ **genç** 겐츠 **청년**

Şu genç nereye gidiyor acaba?
슈 겐츠 네레예 기디요르 아자바
저 청년은 지금 어디 가는 걸까?

□ **yaşlı** 야쉴르 노인

Yaşlanınca da sağlıklı
olabilsem keşke…
야쉴라느자 다 사을륵클르 올라빌셈 케쉬케
노인이 되어서도 건강해야 할 텐데.

□ **yetişkin** 예티쉬킨 성인

☐ **vasiyet** 바씨옛 유언

Dedemin vasiyeti "dürüstçe yaşayın"dı.
데데민 바씨예티 "뒤뤼스트체 야샤이은"드
할아버지의 유언은 정직하게 살라는 것이었다.

☐ **cenaze töreni**
제나제 퇴레니 **장례식**

☐ **mezar**
메자르 **무덤**

관련 단어

☐ **hayat** 하얏 / **yaşam** 야샴 인생, 삶

☐ **çocukluk dönemi** 초축룩 되네미 어린 시절

☐ **büyüme** 뷔유메 / **gelişme** 겔리쉬메 성장

☐ **nişan** 니샨 약혼

☐ **evlenme** 에블렌메 **결혼** / **düğün** 뒤윈 **결혼식**

☐ **boşanma** 보샨마 이혼

☐ **gelin** 겔린 신부

☐ **damat** 다맛 신랑

☐ **dul kadın** 둘 카든 미망인

☐ **ölmek** 욀멕 **죽다** / **vefat etmek** 베팟 에트멕 **돌아가시다**

☐ **ölüm** 욀륌 죽음

☐ **ölüyü yakma** 욀뤼유 야크마 화장

Aşk ve Evlilik 아슥 베 에블리릭 **사랑과 결혼**

1 인간

2 가정

3 수

4 도시

5 교통

6 업무

7 경제·사회

8 쇼핑

9 스포츠·취미

10 자연

☐ ilanı aşk etmek

일라느 아슥 에트멕 **사랑을 고백하다**

☐ karşılıksız aşk /

카르쉴륵스즈 아슥

karşılıksız sevgi

카르쉴륵스즈 세브기 **짝사랑**

O kız, benim karşılıksız
sevdiğim biridir.
오 크즈, 베님 카르쉴륵스즈 세브디임 비리디르
저 여자가 내가 짝사랑하는 사람이야.

☐ ~ile çıkmak

~일레 츠크막 **~와 사귀다**

Benimle çıkar mısın?
베님레 츠카르 므쓴
우리 앞으로 사귀지 않을래?

☐ aşk üçgeni 아슥 위츠게니 **삼각관계**

☐ ilk görüşte aşık olmak

일크 괴뤼슈테 아슥 올막 **첫눈에 반하다**

Gerçekten ilk görüşte aşık oldum.
게르첵텐 일크 괴뤼슈테 아슥 올둠
난 정말 첫눈에 반했어.

□ **sevgili** 세브길리 애인

Biz uzun süredir sevgiliyiz.
비즈 우준 쉬레디르 세브길리이즈.
우리는 정말 오래된 애인이다.

□ **evlenmek** 에블렌멕

결혼하다

□ **balayı** 발라이으 신혼 여행

□ **hamile olmak** 하밀레 올막 /
hamile kalmak 하밀레 칼막
임신하다

O hamile olalı 7 ay oldu.
오 하밀레 올랄르 예디 아이 올두
그녀는 임신한 지 7개월이 되었다.

□ **tartışma** 타르트쉬마 말다툼

Onların neden her gün
tartıştıklarını bilmiyorum.
온라른 네덴 헤르귄 타르트쉬틀라르느 빌미요룸
그들은 왜 매일 말다툼을 하는지 모르겠어.

□ **arkadaş** 아르카다쉬 친구

1 인간

2 가정

3 수

4 도시

5 교통

6 업무

7 경제·사회

8 쇼핑

9 스포츠·취미

10 자연

관련 단어

- □ aynı cinsiyetten 아인느 진씨옛텐 /

   hem cins 헴 진스 동성

- □ karşı cins 카르쉬 진스 이성

- □ ilk aşk 일크 아쉭 첫사랑

- □ çekicilik 체키질릭 매력

- □ evlenme teklifi etmek 에블렌메 테클리피 에트멕
   프러포즈하다, 구혼하다

- □ düğün davetiyesi 뒤윈 다베티예씨 청첩장

- □ evlilik yüzüğü 에블리릭 유쥐위 결혼반지

- □ yeni evliler 예니 에브리레르 신혼 부부

- □ eş 에쉬 배우자

- □ yetiştirmek 예티쉬티르멕 /

   bakıp büyütmek 바큽 뷔유트멕 /

   beslemek 베슬레멕 양육, 아이를 키우다

- □ bilmek 빌멕 알다

- □ öğrenmek 외렌멕 배우다

- □ ayrılmak 아이를막 헤어지다

- □ barıştırmak 바르쉬트르막 화해시키다

터키인의 결혼의례는 종교적 영향(이슬람)과 현대화에 의해 전통적인 모습이 많이 사라졌고 절차 또한 간소화 되었다. 전통혼례의 형태는 중매혼이 대부분이었으나, 현재에도 소개를 통해 만나 교제를 하고 결혼하는 경우가 많다. 전통적인 결혼의례는 남자 측에서 신부가 될 처녀를 알아보는 것으로 시작이 된다. 이 과정을 처녀 찾기, 처녀 보기라고 부른다.

다음은 신랑 측 남자 어른들 즉 아버지, 할아버지, 삼촌 그리고 이웃 혹은 지인들이 여자 측 집으로 가서 혼인의 의사가 있는지 물어보는 단계, 청혼(Kız İsteme 크즈 이스테메)이다.

그 다음은 니샨(Nişan)이라고 불리는 약혼 과정과 이를 위한 준비 과정이다. 보통은 약혼식 준비를 하기 위해 신부는 신랑 측 여성 두세 명과 함께 (보통 금으로 된) 반지, 귀걸이, 팔찌, 목걸이와 시계, 신발, 슬리퍼, 가방, 속옷, 화장품 등을 사는데, 이때의 비용은 신랑 측에서 지불한다.

니캬(Nikah)는 일종의 결혼을 증명하는 혼인신고(증명)라고 보면 된다. 법적인 부부임을 동의, 선포, 증명하는 의례로 니캬는 행정법상의 공식적인 것과 이슬람법에 의거한 종교적인 것 두 가지로 나뉜다. 터키 정부에서는 행적법상의 공식적인 니캬만을 혼인증명으로 인정하고 있다. 터키인들에게 종교적 니캬 의례는 매우 중요하게 생각되고 있으며, 무슬림에게는 의무사항으로 간주되고 있다.

본격적인 결혼의례는 크게 두 과정으로 나뉘는데 헤나의 밤(Kına Gecesi 크나 게제씨)과 결혼식 당일에 치르는 의례이다. 헤나의 밤 의례는 결혼식 전날 밤에 신부의 집(특별한 곳을 빌려서 하기도 함)에서 행해지는 의식이다. 신부는 헤나 의식이 끝날 때까지 얼굴이 안 보이게 빨간색 천으로 만들어진 베일을 쓴다. 신부와 신랑의 손에 헤나로 물을 들이는데, 헤나 물을 들이면 진한 빨간색이 나타난다. 헤나로 물을 들이는 이유는 헤나의 붉은색이 잡귀를 쫓고 액운을 막을 수 있다는 믿음에서 기인한다. 헤나 의식이 끝나면 모두 함께 연주단의 연주에 맞춰 춤을 추고 노래를 부르며 흥겹게 즐긴다.

관련 단어

- □ **görücü usulü** 괴뤼쥐 우술뤼 중매
- □ **kına gecesi** 크나 게제씨 헤나의 밤
- □ **kına yakmak** 크나 야크막 헤나 물들이기
- □ **nişan** 니샨 약혼
- □ **resmi nikâh** 레스미 니캬 공식적 니캬
- □ **dini nikâh** 디니 니캬 종교적 니캬
- □ **nişan yüzüğü** 니샨 유쥐위 / **alyans** 알랸스 약혼반지
- □ **düğün** 뒤윈 결혼식
- □ **kız isteme** 크즈 이스테메
  (신랑집에서 신부집으로 혼인의사를 물어보는) 구혼
- □ **düğün salonu** 뒤윈 살로누 결혼식장
- □ **gelin** 겔린 신부
- □ **damat** 다맛 신랑
- □ **aşk evliliği** 아쉭 에블리리이 연애결혼
- □ **görücü usülü evlilik** 괴뤼쥐 우쉴뤼 에블리릭 중매결혼
- □ **mantık evliliği** 만특 에블리리이 정략결혼
- □ **çeyiz** 체이즈 예단
- □ **gerdek gecesi** 게르덱 게제씨 결혼 첫날밤
- □ **balayı** 발라이으 신혼여행

Günlük Hayat 귄뤽 하얏 **일상생활**

☐ **uykudan uyanmak**

우이쿠단 우얀막 **잠에서 깨다**

☐ **kalkmak** 칼크막 /

uyanmak 우얀막 **일어나다**

Yarın sabah 6'da uyanayım.
야른 사바흐 알트다 우야나이음
내일 아침에는 여섯 시에 일어나야지.

☐ **diş fırçalamak**

디쉬 프르찰라막 **이를 닦다**

☐ **duş almak**

두쉬 알막 **샤워하다**

☐ **yüz yıkamak**

유즈 이으카막 **세수하다**

☐ **tıraş olmak** 트라쉬 올막 **면도하다**

Tıraş olurken çenemi kestim.
트라쉬 올루르켄 체네미 케스팀
면도하다가 턱을 베었다.

☐ **saç taramak**

싸츠 타라막 **머리를 빗다**

☐ **elbise giymek**

엘비세 기이멕 **옷을 입다**

Bugün ne giysem ki?
부귄 네 기이셈 키
오늘은 무슨 옷을 입지?

☐ **işe gitmek** 이셰 기트멕 **출근하다**

Babam, genelde otobüsle işe gider.
바밤 게넬데 오토뷔슬레 이셰 기데르
아버지는 보통 버스로 출근하신다.

☐ **öğle yemeği yemek**
외일레 예메이 예멕 **점심 먹다**

Saat onbir buçuk gibi öğle yemeğimi yerim.
사앗 온비르 부축 기비 외일레 예메이미 예림
나는 열한 시 반에 점심을 먹는다.

☐ **televizyon seyretmek**
텔레비지욘 세이레트멕 /

televizyon izlemek
텔레비지욘 이즐레멕 **텔레비전을 보다**

Televizyon seyrederek patates cipsi yedim.
텔레비지욘 세이레데렉 파타테스 집씨 예딤
텔레비전을 보면서 감자 칩을 먹었다.

☐ **müzik dinlemek**
뮈직 딘레멕 **음악을 듣다**

Birçok genç metroda müzik dinliyor.
비르촉 겐츠 메트로다 뮈직 딘리요르
많은 젊은이들은 전철에서 음악을 듣는다.

☐ **yatağa gitmek** 야타아 기트멕 /
uyumaya gitmek 우유마야 기트멕
잠자리에 들다

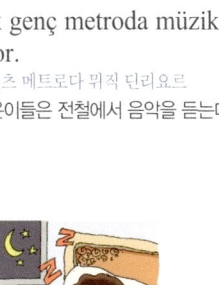

관련 단어

- gürültü 귀륄튀 소음
- ses 세스 소리, 목소리
- duymak 두이막 / dinlemek 딘레멕 듣다
- duyulmak 두율막 들리다
- görmek 괴르멕 / bakmak 바크막 보다
- görünmek 괴륀멕 / gözükmek 괴쥐크멕 보이다
- tutmak 투트막 잡다
- dokunmak 도쿤막 / değmek 데이멕 닿다, 만지다
- tatmak 타트막 / tadına bakmak 타드나 바크막 맛보다
- çamaşır yıkamak 차마쉬르 이으카막 빨래하다
- ütü yapmak 위튀 야프막 다림질하다
- banyo yapmak 반요 야프막 목욕하다
- üstünü değiştirmek 위스튀뉘 데이쉬티르멕 갈아입다
- düzenlemek 뒤젠레멕 정리하다
- geç saate kadar çalışmak 게츠 사아테 카다르 찰르쉬막
  밤늦게까지 일하다
- geç saate kadar ders çalışmak
  게츠 사아테 카다르 데르스 찰르쉬막 밤늦게까지 공부하다
- uyuyakalıp gecikmek 우유야 칼릅 게지크멕 /
  geç uyanmak 게츠 우얀막 늦잠을 자다

1 일간

2 가정

3 수

4 도시

5 교통

6 업무

7 경제 · 사회

8 쇼핑

9 스포츠 · 취미

10 자연

- □ şekerleme yapmak 셰케를레메 야프막 /
  kestirmek 케스티르멕 낮잠을 자다
- □ masa tenisi oynamak 마사 테니씨 오이나막 탁구를 치다
- □ oyun oynamak 오윤 오이나막 게임을 하다
- □ piyano çalmak 피야노 찰막 피아노를 치다
- □ telefon etmek 텔레폰 에트멕 전화를 걸다
- □ ders çalışmak 데르스 찰르쉬막 공부를 하다
- □ kitap okumak 키탑 오쿠막 책을 읽다
- □ mektup yazmak 메크툽 야즈막 편지를 쓰다
- □ salıncağa binmek 살른자아 빈멕 그네를 타다
- □ kaydıraktan kaymak 카이드락탄 카이막 미끄럼틀을 타다

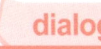

dialog

A: Bir ses duyulmuyor mu?
비르 세스 두율무요르 무?
무슨 소리 들리지 않니?

B: Bilmem, senin sesinden başka ses duymuyorum ama….
빌멤 세닌 셰신덴 바쉬카 세스 두이무요룸 아마
글쎄? 네 목소리밖에 안 들리는데.

A: İyi dinle. Gecenin bu saatinde biri piyano çalıyor galiba.
이이 딘레 게제닌 부 사아틴데 비리 피야도 찰르요르 갈리바
잘 들어봐. 이 밤중에 누가 피아노를 치는 거 같은데.

B: Ha, o ses deminden beri vardı.
하 오 세스 데민덴 베리 와르드
아, 저 소리는 아까부터 들렸어.

Fiziksel Olaylar 피직셀 올라이라르 **생리 현상**

□ **öksürmek** 왹쒸르멕 기침하다

O, sürekli öksürüp duruyor.
오 쒸레클리 왹쒸륍 두루요르
그는 항상 기침을 달고 산다.

□ **iç çekmek** 이치 체크멕
한숨 짓다

□ **ter** 테르 땀

Neden bu kadar çok terliyorum?
네덴 부카다르 촉 테를리요룸
왜 이렇게 땀이 많이 나지?

□ **hapşırık** 합쉬륵 재채기

□ **göz yaşı** 괴즈 야쉬 **눈물**

Bebeğin yüzü göz yaşlarıyla
ıslanmış.
베베인 유쥐 괴즈 야쉴라르일라 으슬란므쉬
아기 얼굴이 눈물로 얼룩져 있다.

□ **osuruk** 오수룩 방귀

□ **idrar** 이드라르 / **çiş** 치쉬 **소변**

1 인간
2 가정
3 수
4 도시
5 교통
6 업무
7 경제·사회
8 쇼핑
9 스포츠·취미
10 자연

관련 단어

- ☐ **nefes alıp vermek** 네페스 알릅 베르멕 호흡하다, 숨을 쉬다
- ☐ **ağlamak** 아을라막 울다
- ☐ **esneme** 에스네메 하품
- ☐ **gerinme** 게린메 기지개
- ☐ **hıçkırık** 흐츠크륵 딸꾹질
- ☐ **geğirmek** 게이르멕 트림을 하다
- ☐ **tükürük** 튀퀴뤽 침, 타액
- ☐ **dışkı** 드쉬크 / **kaka** 카카 대변
- ☐ **rüya** 뤼야 꿈
- ☐ **rüya görmek** 뤼야 괴르멕 꿈을 꾸다

dialog

A: Dün gece rüyamda seninle kavga ediyorduk.
뒨 게제 뤼얌다 세닌레 카브가 에디요르둑
나 어젯밤에 너랑 싸우는 꿈 꿨어.

B: Normalde de bana karşı kötü bir hissin varmış demek ki.
노르말데 데 바나 카르쉬 쾨퉤 비르 힛씬 와르므쉬 데멕 키.
평소에 나한테 무슨 나쁜 감정이 있었나 보지?

A: Bilmem, olabilir····.
빌멤 올라빌리르
글쎄, 그럴지도····.

Kişisel Özellikler(karakter) 키시셀 외젤릭레르(카락테르) · Davranışlar 다브라느쉬라르 **성격 · 태도**

□ **düşünceli** 뒤쉰젤리
주의 깊은, 사려 깊은

□ **dikkatsiz** 딕캇씨즈 /
düşüncesiz 뒤쉰제씨즈
부주의한, 경솔한

□ **konuşkan** 코누슈칸 수다스러운

Teyzeler bir araya geldiğinde
gerçekten çok konuşur.
테이제레르 비르 아라야 겔디인데 게르첵텐 촉 코
누슈르
아줌마들이 모이면 정말 수다스럽다.

□ **çalışkan** 찰르쉬칸/
hamarat 하마랏 부지런한

Ablam çok hamarattır.
아블람 촉 하마랏트르
우리 언니는 무척 부지런하다.

□ **saygısız** 사이그스즈 무례한

□ **sabırlı** 사브를르 인내심이 있는

1 인간

2 가정

3 수

4 도시

5 교통

6 업무

7 경제·사회

8 쇼핑

9 스포츠·취미

10 자연

관련 단어

□ nazik 나직 친절한

□ temiz kalpli 테미즈 칼플리 순수한

□ korkak 코르칵 겁이 많은

□ cesur 제수르 / yürekli 유레클리 용감한

□ akıllı 아클르 지혜로운

□ dürüst 뒤뤼스트 정직한

□ tembel 템벨 게으른

□ akılsız 아클스즈 어리석은

□ mütevazi 뮈테바지 / alçak gönüllü 알착 괴뉠뤼 겸손한

□ saygılı 사이글르 예의바른

□ yüce gönüllü 유제 괴뉠뤼 / cömert 죄메르트 관대한

□ titiz 티티즈 섬세한

□ bencil 벤질 이기적인

□ bıkmak 브크막 / sıkılmak 스클막 지루하다

□ güvenmek 귀벤멕 믿다

Dış Görünüş 드쉬 괴뤼뉘쉬 **외모**

  ↔

□ **ağırlık** 아으르륵
몸무게

□ **şişman** 시시만
뚱뚱한

□ **zayıf** 자이으프 /
cılız 즐르즈 여윈, 마른

  →

□ **boy** 보이 /
uzunluk 우준룩 키, 신장

Boyunuz kaç? (ne kadar)
보유누즈 카츠 (네 카다르)
키가 얼마나 되세요?

□ **uzun boylu**
우준 보일루 키가 큰

□ **kısa boylu**
크사 보일루 키가 작은

□ **sevimli** 세빔리 /
tatlı 타틀르 귀여운

Şu bebek çok tatlı.
슈 베벡 촉 타틀르
저 아기, 무척 귀엽네.

□ **güzel** 귀젤
아름다운, 예쁜

□ **seksi** 섹씨 섹시한
□ **çekici** 체키지 매력적인

44

☐ kel 켈 대머리

☐ küt saç 큇 사츠 단발머리

☐ kıvırcık saç 크브르즉 사츠 곱슬머리

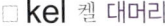
관련 단어

☐ **permalı saç** 페르말르 사츠 파마머리

☐ **at kuyruğu saç** 앗 쿠이루우 사츠 포니테일, 뒤로 한 다발로 묶은 머리

☐ **kır saç** 크르 사츠 / **ak saç** 악 사츠 흰머리

☐ **ifadesiz surat** 이파데씨즈 수랏 포커페이스, 무표정한 얼굴

☐ **sersemlemek** 세르셈레멕 / **uyuşuk** 우유슉 멍하다

☐ **bakış** 바크쉬 눈빛, 눈초리

☐ **izlenim** 이즈레님 인상

☐ **yüz ifadesi** 유즈 이파데씨 표정

☐ **vücut şekli güzel** 뷔줏 셰클리 귀젤 몸매가 좋다

☐ **yakışıklı** 야크쉬클르 멋진, 잘생긴

☐ **iyi görünümlü** 이이 괴뤼뉨뤼 보기 좋은

dialog

A: Bu tarz permalı saç bana yakışır mı acaba?
부 타르즈 페르말르 사츠 바나 야크쉬르 므 아자바
이런 스타일의 파마머리가 나한테 어울릴까?

B: Evet, yakışır bence.
에벳 야크쉬르 벤제
응, 괜찮을 거 같아.

1 인간
2 가정
3 수
4 도시
5 교통
6 업무
7 경제·사회
8 쇼핑
9 스포츠·취미
10 자연

Duygular 두이구라르 **감정 ①**

 ↔

☐ **mutlu** 무툴루 **행복한**

Biz mutlu bir aileyiz.
비스 무툴루 비르 아일레이즈
우리는 행복한 가족이에요.

☐ **üzülmek** 위쥘멕 **슬퍼하다, 상심하다**

Onunla ayrıldınız diye çok fazla üzülme.
오눈라 아이를드느즈 디예 촉 파즐라 위쥘메
그 사람과 헤어졌다고 너무 슬퍼하지 말아요.

 ↔

☐ **sıcak** 스작 **더운**

Sıcak olduğu için dışarıya çıkmak istemiyorum.
스작 올두우 이친 드샤르야 츠크막 이스테미요룸
더워서 밖에 나가기 싫다.

☐ **soğuk** 소욱 **추운**

☐ **yorgun** 요르군 **피로한**

☐ **susamak** 수사막 **목마르다**

1 인간

2 가정

3 수

4 도시

5 교통

6 업무

7 경제·사회

8 쇼핑

9 스포츠·취미

10 자연

□ **kızmak** 크즈막 화내다

Patron kızınca cidden korkunç oluyor.
파트론 크즌자 짓덴 코르쿤츠 올루요르
사장님이 화내시면 정말 무서워진다.

□ **karnı acıkmak**
카르느 아즉막 배고프다

□ **doymak** 도이막
배부르다

□ **şaşırmak**
샤쉬르막 놀라다

□ **utanmak** 우탄막
부끄럽다, 창피하다

관련 단어

□ **eğlenceli** 에일렌젤리 재미있는

□ **sevinçli** 세빈츨리 기쁜

□ **kasvetli** 카스베틀리 쓸쓸한

□ **yalnızlık çekmek** 얄느즐륵 체크멕 /
yalnız hissetmek 얄느즈 힛세트멕 외롭다

□ **uykusu gelmek** 우이쿠수 겔멕 졸리다

□ **karıştırmak** 카르쉬트르막 헷갈리다

□ **hayal kırıklığına uğramak** 하얄 크륵르으나 우으라막 실망하다

□ **korkmak** 코르크막 무섭다

Duygular 두이구라르 **감정** ②

☐ **akıl** 아클 지혜

O, akıllı biridir.
오 아큘르 비리디르
그는 지혜로운 사람이다.

☐ **cesaret**

제사렛 용기

☐ **üzüntü**

위쥔튀 슬픔

☐ **korku** 코르쿠 **두려움**

Korkularını yen!
코르쿠라르느 옌
두려움을 버려라!

☐ **acı** 아즈 아픔

☐ **sevinç** 세빈츠 /
neşe 네셰 /
keyif 케이프 즐거움

☐ **ümitsizlik** 위밋씨즈릭 /
umutsuzluk 우뭇수즈룩 절망

☐ **aşk** 아쉭 / **sevgi** 세브기 사랑

Onların güzel bir aşkı var.
온라른 귀젤 비르 아쉬크 바르
그들의 사랑은 아름답다.

1 일반

2 가정

3 수

4 도시

5 교통

6 업무

7 경제·사회

8 쇼핑

9 스포츠·취미

10 자연

□ cezbedicilik
제즈베디지릭 **유혹**

□ bağımsızlık 바음스즈륵 /
özgürlük 외즈귀르뤽 **자유**

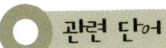

관련 단어

□ ümit etmek 위밋 에트멕 /
umut etmek 우뭇 에트멕 **희망하다**

□ hayran kalmak 하이란 칼막 **감탄하다**

□ teşekkür etmek 테셱퀴르 에트멕 **감사하다**

□ samimi olmak 사미미 올막 **진실하다**

□ dürüst 뒤뤼스트 **정직한**

□ ideal 이데알 **이상적인**

□ memnun 멤눈 **만족스러운**

□ huzur-barış 후주르 바르쉬 /
huzurlu 후주룰루 **평화로운, 평온한**

□ endişelenmek 엔디셸렌멕 /
kaygılanmak 카이글란막 **불안하다, 걱정하다**

□ pişman olmak 피쉬만 올막 **후회하다**

□ nefret etmek 네프렛 에트멕 **증오하다, 싫어하다**

1 다음 인체 부위의 이름을 터키어로 써보세요.

 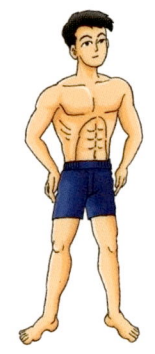

a) 눈 코 입 귀 혀   b) 어깨 팔 손가락 다리 무릎

2 다음 단어의 뜻을 써보세요.

baş _____   kan _____

kemik _____   yüz _____

kas _____   kalp _____

3 다음 빈칸에 알맞은 터키어를 써넣어 보세요.

a) 우리 가족은 엄마, 아빠, 나 그리고 남동생 모두 네 명이다.

Ailem _____, _____, ben ve _____m
olmak üzere toplam 4 kişidir.

b) 사위란 내 딸의 남편을 말한다.

_____, kızımın ____ine denir.

c) 내가 어린 시절에   benim _____ümde

d) 신랑과 신부   _____ ve _____

e) 인생은 아름다워. _____ güzeldir

f) 탄생과 죽음 _____ ve _____

g) 삼각 관계 _____

h) 당신과 결혼하고 싶어요. Seninle _____ istiyorum.

4 다음 단어를 터키어로 써보세요.

일어나다 _____   텔레비전을 보다 _____

잠자리에 들다 _____   음악을 듣다 _____

5 다음 그림과 단어를 연결해 보세요.

öksürmek   göz yaşı   iç çekmek   terlemek   çiş yapmak

6 다음 빈칸에 알맞은 터키어를 써넣어 보세요.

a) 조심해요! _____!

b) 이기적인 여자 _____ kadın

c) 예의바른 _____

7 다음을 해석해 보세요.

uzun boylu erkek _____

tatlı kız _____

kel _____

8 다음 빈칸에 알맞은 터키어를 써넣어 보세요.

a) 나는 무척 목이 마릅니다. Ben çok _____dım.

b) 슬픈 영화 _____ film

c) 그는 재미있는 사람이다. O, _____ bir kişidir.

d) 당신의 친절에 감사드립니다.

　Gösterdiğiniz _____ dolayı teşekkür ederim.

e) 전쟁과 평화 savaş ve _____

Theme 2

→ **Ev ve Aile** 에브 베 아일레 **가정**

1 인간

2 가정

3 수

4 도시

5 교통

6 업무

7 경제·사회

8 쇼핑

9 스포츠·취미

10 자연

Ev 에브 집

□ **apartman**

아파르트만 아파트

□ **konut** 코눗 주택

Gerçekten çok güzel bir konut.
게르첵텐 촉 귀젤 비르 코눗
참 멋진 주택이군요.

□ **kiralamak** 키랄라막

임대하다

□ **kira** 키라 집세

Kirası ne kadar?
키라스 네 카다르
집세는 얼마예요?

□ **kiracı** 키라즈

세입자

□ **ev sahibi** 에브 사히비 집주인

Çok şükür ki, bu sefer iyi bir ev sahibine
denk geldik.
촉 쉬퀴르 키 부 세페르 이이 비르 에브 사히비네 뎅크 겔딕
이번엔 좋은 집주인을 만나서 다행이야.

1 인간

2 가정

3 수

4 도시

5 교통

6 업무

7 경제 · 사회

8 쇼핑

9 스포츠 · 취미

10 자연

관련 단어

□ **yaşanan yer** 야샤난 예르 / **ikametgâh** 이캬멧갸흐 거주지

□ **adres** 아드레스 주소

□ **taşınma** 타쉰마 이사

□ **emlak** 엠락 부동산

□ **depozito** 데포지토 보증금

□ **yeniden inşa etmek** 예니덴 인샤 에트멕 /
  restore etmek 레스토레 에트멕 개축[재건]하다

□ **konak** 코낙 / **yalı** 얄르 / **köşk** 쾨쉬크 저택

□ **villa** 빌라 빌라

□ **site** 씨테 아파트 단지

□ **su tesisatı** 수 테씨사트 수도

□ **kanalizasyon** 카날리자씨온 하수도

□ **elektrik** 엘렉트릭 전기

□ **gaz** 가즈 가스

dialog

A: Bu ev ne zaman restore edildi?
부 에브 네 자만 레스토레 에딜디
이 집은 언제 개축한 거예요?

B: Geçen sene ev sahibi taşındıktan hemen sonra tadilat
   yapıldı.
게첸 세네 에브 사히비 타쉰득탄 헤멘 손라 타딜랏 야플드
작년에 집주인이 이사 가고 나서 바로 고쳤어요.

55

Unit 02

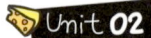

Evin Dış Cephesi 에빈 드쉬 젭헤씨 주택 외부

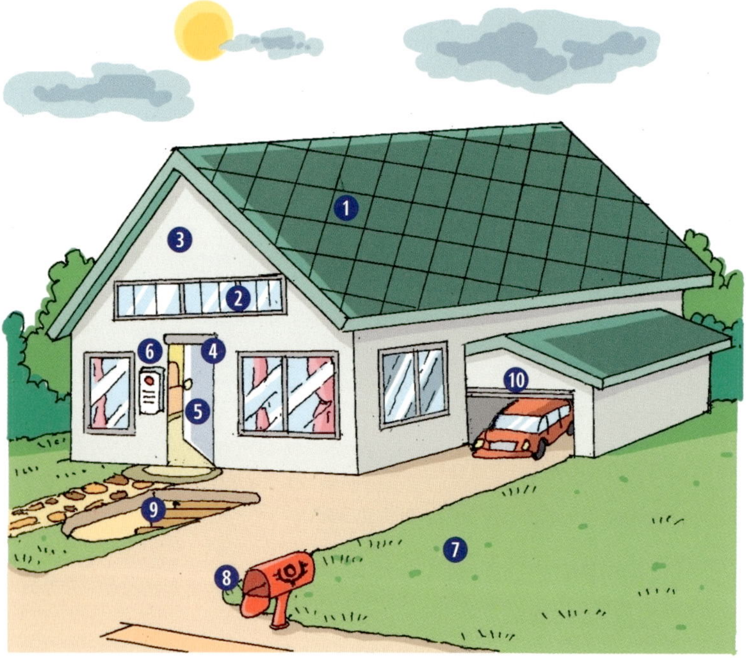

❶ çatı 차트 지붕

❷ pencere 펜제레 창문

❸ duvar 두와르 벽

❹ giriş 기리쉬 현관, 입구

❺ kapı 카프 문

❻ kapı zili 카프 질리 초인종

❼ çimen 치멘 잔디

⑧ posta kutusu 포스타 쿠투수 우편함

⑨ bodrum 보드룸 지하실

⑩ garaj 가라쥐 차고

관련 단어

- □ **çit** 칫 울타리, 담장
- □ **kapı isimliği** 카프 이씸리이 문패
- □ **ön bahçe** 왼 바흐체 앞마당
- □ **bahçe** 바흐체 정원
- □ **veranda** 베란다 베란다
- □ **balkon** 발콘 발코니
- □ **depo** 데포 창고
- □ **tavan arası** 타반 아라스 다락
- □ **merdiven** 메르디벤 계단

dialog

A: Kapı zili çalıyor, çıkıp bir baksana.
카프 질리 찰르요르 츠큽 비르 박사나
초인종 소리가 나는데, 좀 나가봐.

B: Bana ne, git kendin bak.
바나 네 깃 켄딘 박
싫어, 네가 나가봐.

A: Of ! Şuan bulaşık yıkıyorum ya.
오프 슈안 불라쉭 이으크요룸 야
난 지금 설거지하고 있잖아.

57

Unit 03

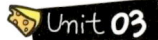

Oturma Odası 우투르마 오다스 거실

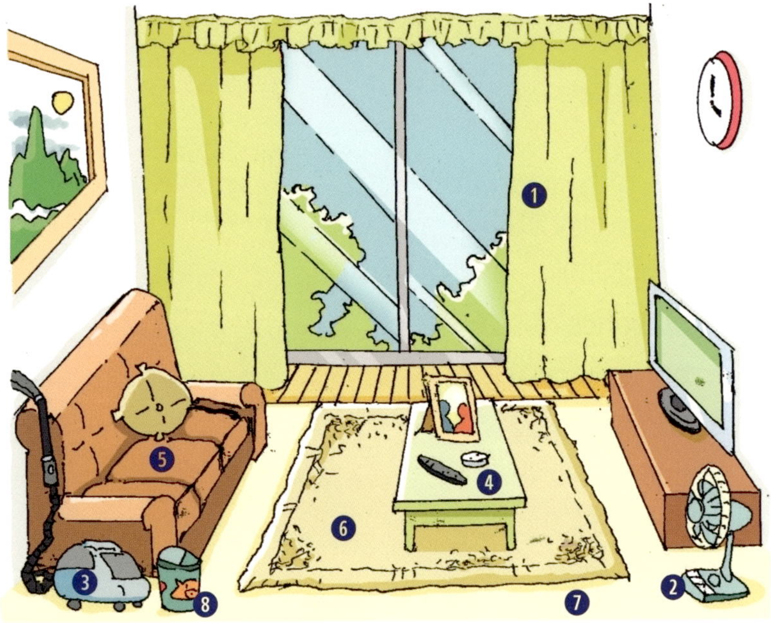

1. perde 페르데 커튼
2. vantilatör 반틸라퇴르 선풍기
3. elektrikli süpürge 엘렉트릭리 쒸퓌르게 진공청소기
4. masa 마사 탁자, 테이블
5. kanepe 카네페 소파
6. halı 할르 카펫, 양탄자
7. taban 타반 마루
8. çöp kutusu 쵭 쿠투수 쓰레기통

1 인간

2 가정

3 수

4 도시

5 교통

6 업무

7 경제·사회

8 쇼핑

9 스포츠·취미

10 지역

□ **kumanda** 쿠만다 리모컨

Bu kumanda iyi çalışmıyor.
부 쿠만다 이이 찰르쉬므요르
이 리모컨이 잘 작동되지 않는다.

□ **televizyon** 텔레비지욘
텔레비전

□ **fotoğraf** 포토으라프 사진

□ **duvar saati** 두와르 사아티 벽시계

관련 단어

□ **tavan** 타반 천장

□ **avize** 아비제 샹들리에

□ **sütun** 쒸툰 기둥

□ **koltuk** 콜툭 안락의자

□ **kitaplık** 키탑륵 책장

□ **resim** 레씸 / **tablo** 타블로 그림

□ **kilim** 킬림 깔개, 매트

dialog

A: Fotoğraftaki bu genç bayan da kimmiş acaba?
포토으라프다키 부 겐츠 바얀 다 킴미쉬 아자바?
사진 속의 이 젊은 여자분은 누구야?

B: O, annemin 20 yıl önceki hali.
오 안네민 이르미 이을 왼제키 할리
20년 전의 우리 엄마야.

Mutfak 무트팍 **주방**

□ **lavabo** 라바보
싱크대

□ **buzdolabı**
부즈돌라브 냉장고

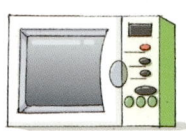

□ **mikrodalga fırın**
미크로달가 프른 전자레인지

□ **düdüklü tencere**
뒤뒥뤼 텐제레 압력솥

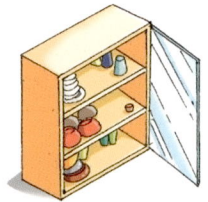

□ **dolap** 돌랍 찬장

□ **tost makinesi** 토스트 마키네씨 토스터

Tost makinesinde ekmek kızartıp kahve ile
yiyelim.
토스트 마키네씬데 에크멕 크자르틉 카흐베 일레 이옐림
토스터에 빵을 구워 커피랑 먹자.

□ **tencere**
텐제레 냄비

□ **tava** 타바 프라이팬

□ **çaydanlık** 차이단륵
찻주전자

□ **kâse** 캬세 그릇

□ **bardak** 바르닥 컵

Ne zaman güzel bir bardak görsem
hemen alasım geliyor.
네 자만 귀젤 비르 바르닥 괴르셈 헤멘 알라슴 겔리요르
나는 예쁜 컵만 보면 사고 싶다.

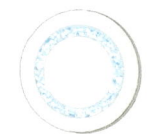

□ **tabak** 타박 접시

□ **bıçak** 브착 식칼

□ **kepçe** 켑체 국자

□ **kesme tahtası** 케스메 타흐타스 도마

관련 단어

□ **fırın** 프른 오븐

□ **fırın eldiveni** 프른 엘디베니 오븐용 장갑

□ **bulaşık bezi** 불라슄 베지 행주

□ **kaşık** 카슄 숟가락

□ **çubuk** 추북 젓가락

□ **bıçak** 브착 나이프

□ **çatal** 차탈 포크

1 인간
2 가정
3 수
4 도시
5 교통
6 업무
7 경제·사회
8 쇼핑
9 스포츠·취미
10 자연

Banyo 반요 **욕실**

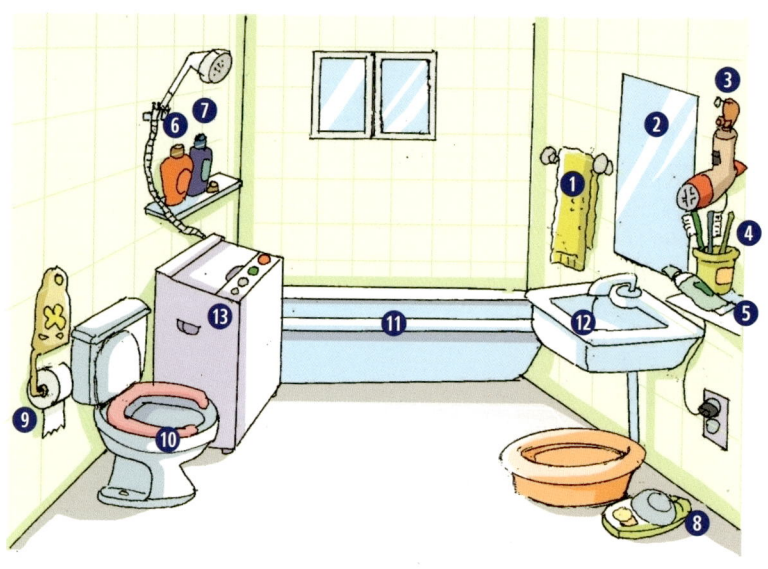

❶ **havlu** 하울루 수건, 타월

❷ **ayna** 아이나 거울

❸ **saç kurutma makinesi** 사츠 쿠루트마 마키네씨 헤어드라이어

❹ **diş fırçası** 디쉬 프르차스 칫솔

❺ **diş macunu** 디쉬 마주누 치약

❻ **şampuan** 샴푸안 샴푸

❼ **saç kremi** 사츠 크레미 린스

❽ **sabun** 사분 비누

62

1 인간

2 가정

3 수

4 도시

5 교통

6 여가

7 경제·사회

8 쇼핑

9 스포츠·취미

10 자연

❾ tuvalet kâğıdı 투왈렛 캬으드 화장지

❿ klozet 클로젯 변기

⓫ küvet 퀴벳 욕조

⓬ lavabo 라바보 세면기

⓭ çamaşır makinesi 차마쉬르 마키네씨 세탁기

관련 단어

☐ bornoz 보르노즈 목욕 가운

☐ banyo suyu 반요 수유 목욕물

☐ saç yıkamak 사츠 이으카막 머리를 감다

☐ çamaşır 차마쉬르 세탁물

☐ deterjan 데테르잔 세제

☐ köpük 쾨퓍 거품

☐ çamaşır mandalı 차마쉬르 만달르 빨래집게

☐ duş başlığı 두쉬바쉴르으 샤워기

☐ musluk 무슬룩 수도꼭지

☐ atık su borusu 아특 수 보루수 / gider 기데르 배수구

Unit 06

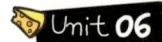

Yatak Odası 야탁 오다스 침실

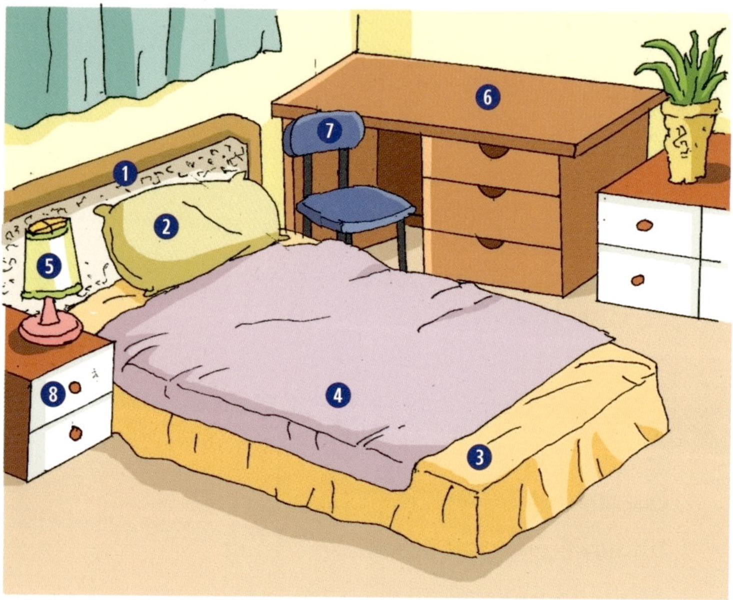

❶ yatak 야탁 침대

❷ yastık 야스특 베개

❸ çarşaf 차르샤프 침대보(시트)

❹ battaniye 밧타니예 담요, 모포

❺ masa lambası 마사 람바스 스탠드

❻ çalışma masası 찰르쉬마 마사스 책상

❼ sandalye 산달리예 의자

❽ komodin 코모딘 베드 사이드 테이블, 협탁

1 인간

2 가정

3 수

4 도시

5 교통

6 업무

7 경제·사회

8 쇼핑

9 스포츠·취미

10 자연

관련 단어

□ **çalar saat** 찰라르 사아트 알람시계

□ **hava nemlendirici** 하바 넴렌디리지 /

  buhar makinesi 부하르 마키네씨 가습기

□ **gardrop** 가르드롭 옷장

□ **makyaj masası** 마키야쥬 마사스 화장대, 경대

□ **çekmece** 체크메제 서랍

□ **tek kişilik yatak** 텍 키실릭 야탁 싱글베드, 1인용 침대

□ **çift kişilik yatak** 치프트 키실릭 야탁 더블베드, 2인용 침대

□ **ranza** 란자 2단 침대

dialog

A: **Odan çok pis!**
오단 촉 피스
방이 엄청 더럽다!

B: **Biliyorum. Ama temizlemeye zamanım yok.**
빌리요룸 아마 테미즈레메예 자마늠 욕
알고 있어. 그런데 치울 시간이 없네.

A: **Peki, o zaman ben yardım edeyim.**
페키 오자만 벤 야르듬 에데임
그럼 내가 도와줄게.

B: **Teşekkür ederim.**
테셱퀴르 에데림
고마워.

Bebek Odası 베벡 오다스 **아기 방**

☐ **beşik** 베식 요람

Bebek beşikte uyuyor.
베벡 베식테 우유오르
아기가 요람에서 자고 있다.

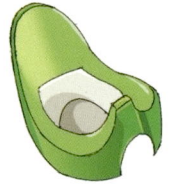

☐ **çocuk klozeti** 초죽 클로제티 /
lazımlık 라즘륵 유아용 변기

Artık çocuk klozeti kullanmanın
zamanı geldi.
아르특 초죽 클로제티 쿨란마는 자마느 겔디
이제 유아용 변기를 사용할 때가 되었어요.

☐ **oyuncak** 오윤작 장난감

Bugün oyuncağımla güzel güzel
oynadım.
부귄 오윤자으믈라 귀젤 귀젤 오이나듬
오늘은 장난감을 가지고 잘 놀았어요.

☐ **oyuncak ayı** 오윤작 아이으 곰인형

Bebeğmiz en çok oyuncak ayıyı seviyor.
베베이므즈 엔 촉 오윤작 아이으이으 세비요르
곰인형은 우리 아기가 가장 좋아한다.

1 인간

2 가정

3 수

4 도시

5 교통

6 업무

7 경제 · 사회

8 쇼핑

9 스포츠 · 취미

10 자연

관련 단어

- □ **bebek yatağı** 베벡 야타으 유아용 침대
- □ **alt değiştirme masası ve dolap**
  알트 데이쉬티르메 마사스 베 돌랍 기저귀 갈이 겸용 서랍장
- □ **mama sandalyesi** 마마 산달리에씨 유아용 의자
- □ **bebek arabası** 베벡 아라바스 유모차
- □ **oyuncak kutusu** 오윤작 쿠투수 장난감 상자
- □ **mama önlüğü** 마마 왼뤼위 턱받이
- □ **bebek bezi** 베벡 베지 기저귀
- □ **tulum** 툴룸 멜빵바지

dialog

A: Bebek arabası almak istiyorum da.
베벡 아라바스 알막 이스티요룸 다
유모차를 사려고 하는데요.

B: Öyle mi? bu nasıl?
외일레 미 부 나슬
그러세요? 이거 어떠세요?

A: Hımmm iyi görünüyor. peki fiyatı ne kadar?
흠 이이 괴뤼뉘요르 페키 피야트 네 카다르
음, 좋아 보이네요. 그런데 가격은요?

Unit 08

El Aletleri • Hırdavat

엘 알렛레리 · 흐르다밧 **공구·잡화**

□ **kargaburun** 카르가부룬 /
pense 펜세 펜치

□ **tornavida**

토르나비다 드라이버

□ **makas** 마카스
가위

□ **testere** 테스테레 톱

□ **kürek** 퀴렉 삽

□ **çivi** 치비 못

O, duvara çekiçle çivi çaktı.
오 두와라 체키츠레 치비 착트
그는 벽에 망치로 못을 박았다.

□ **balta** 발타 도끼 □ **çekiç** 체키츠 망치

□ **ayaklı merdiven**

아약르 메르디벤 사다리

1 인간

2 가정

3 수

4 도시

5 교통

6 업무

7 경제·사회

8 쇼핑

9 스포츠·취미

10 자연

□ süpürge 쉬퓌르게 빗자루

□ faraş 파라쉬 쓰레받기

Çöpleri süpürgeyle faraşa topladı.
칩레리 쉬퓌르게일레 파라샤 토플라드
쓰레받기에 빗자루로 쓰레기를 쓸어 담았다.

관련 단어

□ yıldız uçlu tornavida 이을드즈 우츨루 토르나비다 십자 드라이버

□ eğe 에에 줄칼

□ şerit metre 셰릿 메트레 줄자

□ çelik tel 첼릭 텔 철사

□ kazma 카즈마 곡괭이

□ yapıştırıcı 야프쉬트르즈 / bant 반트 풀, 접착제

□ poşet 포셋 / torba 토르바 비닐 봉지

□ priz 프리즈 콘센트

□ askı 아스크 옷걸이

□ kova 코바 양동이

□ ip 입 실

□ iğne 이네 바늘

□ temizlik bezi 테미즈릭 베지 걸레

1 다음 빈칸에는 알맞은 터키어를 써넣고, 터키어는 해석해 보세요.

a) 나는 아파트에 삽니다.

_____.

b) 단독주택 _____

c) kira _____   ev sahibi _____

   kiracı _____

2 다음 단어를 터키어 혹은 우리말로 고쳐 보세요.

a) 지붕 _____   앞마당 _____

   다락 _____   정원 _____

   잔디밭 _____

b) tavan _____   koltuk _____

   taban _____   vantilatör _____

   resim _____

c) ayna _____   sabun _____

   küvet _____   diş macunu _____

   havlu _____

d) 침대 _____   베개 _____

   옷장 _____   서랍 _____

   화장대 _____

3 다음 그림과 단어를 연결해 보세요.

  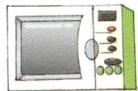 

• • • • •

• • • • •

mikrodalga fırın   kepçe   çaydanlık   kase   dolap

4 다음 보기에서 단어를 골라 빈칸에 써넣어 보세요.

| oyuncak | beşik | oyuncak ayı | salıncak |
| çekiç | testere | merdiven | çivi |

a) 그네 _____   요람 _____

  장난감 _____   곰인형 _____

b) 톱 _____   망치 _____

  못 _____   사다리 _____

1 a) Ben apartmanda yaşıyorum   b) müstakil ev   c) 집세   집주인   세입자

2 a) çatı   ön bahçe   tavan arası   bahçe   çimen
  b) 천장   안락의자   마루   선풍기   그림
  c) 거울   비누   욕조   치약   수건
  d) yatak   yastık   gardrop   çekmece   makyaj masası

3 찬장 – dolap, 찻주전자 – çaydanlık, 전자레인지 – mikrodalga fırın, 그릇 – kase, 국자 – kepçe

4 a) salıncak   beşik   oyuncak   oyuncak ayı
  b) testere   çekiç   çivi   ayaklı merdiven

THEMATIC TURKISH WORDS

Theme 3

→ **Sayılar** 사이으라르 수

1 인간

2 가정

3 수

4 도시

5 교통

6 업무

7 경제·사회

8 쇼핑

9 스포츠·취미

10 자연

Sayılar 사이으라르 **숫자**

☐ **1 bir** 비르
☐ **2 iki** 이키
☐ **3 üç** 위츠

☐ **0 sıfır** 스프르

☐ **4 dört** 되르트

☐ **5 beş** 베쉬

☐ **6 altı** 알트

☐ **7 yedi** 예디

☐ **8 sekiz** 세키즈

☐ **9 dokuz** 도쿠즈

☐ **10 on** 온

1 인간

2 가정

3 수

4 도시

5 교통

6 업무

7 경제·사회

8 쇼핑

9 스포츠·취미

10 자연

□ 11 on bir 온 비르　　□ 16 on altı 온 알트

□ 12 on iki 온 이키　　□ 17 on yedi 온 예디

□ 13 on üç 온 위츠　　□ 18 on sekiz 온 세키즈

□ 14 on dört 온 되르트　　□ 19 on dokuz 온 도쿠즈

□ 15 on beş 온 베쉬　　□ 20 yirmi 이르미

□ 30 otuz 오투즈　　□ 70 yetmiş 예트미쉬

□ 40 kırk 크르크　　□ 80 seksen 섹센

□ 50 elli 엘리　　□ 90 doksan 독산

□ 60 altmış 알트므쉬　　□ 100 yüz 유즈

□ 1,000 bin 빈

□ 10,000 on bin 온 빈 (1만)

□ 100,000 yüz bin 유즈 빈 (10만)

□ 1,000,000 milyon 밀리욘 (백만)

□ 10,000,000 on milyon 온 밀리욘 (천만)

□ 0.3 sıfır nokta üç 스프르 녹타 위츠

□ 1/5 beşte bir 베쉬테 비르

□ 70% yüzde yetmiş 유즈데 예트미쉬

관련 단어

- □ **tek sayı** 텍 사이으 **홀수**
- □ **çift sayı** 치프트 사이으 **짝수**
- □ **asıl sayı** 아슬 사이으 **기수**
- □ **sıra sayısı** 스라 사이으스 **서수**
- □ **kesir sayı** 케씨르 사이으 **분수**
- □ **-den* büyük** 덴 뷔윽 **~보다 크다**
- □ **-den* küçük** 덴 퀴췩 **~보다 작다**

   *앞에 오는 자음에 따라 den/dan/ten/tan으로 변함

- □ **ile aynı** 일레 아이느 **~와 같다**
- □ **ile aynı değil** 일레 아이느 데일 **~와 같지 않다**
- □ **saymak** 사이막 **세다**
- □ **hesaplamak** 헤삽라막 **계산하다**
- □ **iki katı** 이키 카트 **두 배**
- □ **ortalama** 오르탈라마 **평균**

A: Telefon numaranı öğrenebilir miyim?
텔레폰 누마라느 외레네빌리르 미이임
네 전화번호 좀 가르쳐 줄래?

B: Tabii, sıfır dokuz yüz seksen iki-iki yüz elli-dört yüz altmış üç.
타비 스프르 도쿠즈 유즈 섹센 이키- 이키 유즈 엘리- 되르트 유즈 알트므쉬 위츠
응, 0982-250-4630이야.

1 인간

2 가정

3 수

4 도시

5 교통

6 업무

7 경제·사회

8 쇼핑

9 스포츠·취미

10 자연

터키 문화 엿보기 | 터키 사람들이 좋아하는 숫자 40

40이란 숫자는 터키인에게 특별한 숫자 중 하나이다. 국민 대다수가 무슬림인 터키에서 40은 종교적으로 중요한 숫자임과 동시에 민간에서도 중요한 숫자였다. 보통 40은 '매우 많음'을 강조하거나 이를 의미할 때 주로 사용된다. 예를 들어, 잔칫집에서 잘 차려진 수십 가지의 음식을 표현할 경우에 터키인들은 '40가지의 음식과 마실 것이 차려져 있었다.'라고 표현한다.

40 대신 4를 사용하기도 하는데 '학수고대하다'라는 표현을 터키어로는 '4개의 눈으로 기다리다 dört gözle beklemek 되르트 괴즐레 베클레멕'라고 표현한다.

튀르크 신화, 전설, 민담에서도 40이 자주 등장하는데 보통 주인공의 조력자는 대개 40명의 용사나 전사, 40명의 여성 조언자 등으로 등장한다. 또한 성대한 (결혼)잔치를 표현할 때도 '40일 밤낮을 먹고 마시며 (결혼을) 축하했다'라고 표현한다.

이슬람에서도 40은 중요하게 생각하는데, 이는 무슬림인 터키인들의 장례 의례에도 그 영향을 미쳤다. 터키인들은 고인이 떠난 지 7일째, 40일째, 52일째 추모 의례를 행한다. 특히, 40일째 되는 날에는 가까운 지인, 친척들이 함께 집에 모여 코란을 읽으면서 고인의 생전 모습을 추억하며 칭송하는 시간을 갖는다. 이는 영혼이 40일 이후 육신을 떠나 알라 곁으로 간다고 믿기 때문이다.

40이란 숫자는 죽음뿐만 아니라 새 생명의 탄생과도 연관이 있는 숫자이다. 산모가 아이를 낳으면 약 40일 동안은 외부인과 접촉을 피하고 집에서 몸조리를 하며, 태어난 아이도 약 40일 이후에나 집 밖으로 데리고 나간다.

Hesaplama 헤삽라마 **계산**

☐ **genişlik** 게니쉬릭
가로

☐ **uzunluk** 우준룩
세로

☐ **uzaklık** 우작륵
거리

☐ **yüzölçümü** 유즈욀취뮈 /
alan 알란 넓이, 면적

☐ **derinlik** 데린릭
깊이

☐ **yükseklik** 육섹릭
높이

☐ **ağırlık** 아으를륵
무게

☐ **kalınlık** 칼른륵
두께

☐ **hacim** 하짐 /
kütle 퀴틀레 부피

☐ **hız** 흐즈 속도

1 인간

2 가정

3 수

4 도시

5 교통

6 업무

7 경제·사회

8 쇼핑

9 스포츠·취미

10 자연

관련 단어

□ **büyüklük** 뷔육륔 크기

□ **uzunluk** 우준룩 길이

□ **ölçü** 욀취 치수

□ **toplama** 토플라마 / **ekleme** 에클레메 덧셈

□ **çıkarma** 츠카르마 / **eksiltme** 엑씰트메 뺄셈

□ **çarpma** 차르프마 곱셈

□ **bölme** 뵐메 나눗셈

□ **metre** 메트레 미터(m)

□ **metre kare** 메트레 카레 평방미터, 제곱미터(㎡)

□ **gram** 그람 그램(g)

□ **ton** 톤 톤(t)

□ **litre** 리트레 리터(ℓ)

□ **mil** 밀 마일(mile, 1mile ≒ 1.6km)

□ **milimetre** 밀리메트레 밀리미터(mm)

□ **santimetre** 산티메트레 센티미터(cm)

□ **kilometre** 킬로메트레 킬로미터(km)

Geometrik Şekiller 게오메트릭 셰킬레르 **도형**

☐ **çember** 쳄베르 /
daire 다이레 원

Benim yüzüm ay gibi yuvarlaktır.
베님 유쥠 아이 기비 유와를락트르
내 얼굴은 달처럼 동그랗다.

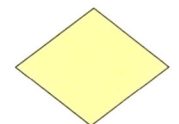

☐ **eşkenar dörtgen**
에쉬케네르 되르트겐 **마름모**

☐ **üçgen** 위츠겐 삼각형

Üçgen, üç noktayı birleştiren üç
doğru parçasının birleşimidir.
위츠겐 위츠 녹타이으 비를레쉬티렌 위츠 도루 파
르차쓰 비를레시미디르
삼각형은 세 점을 이어 만든 도형이다.

☐ **dörtgen** 되르트겐 사각형
☐ **dikdörtgen** 딕되르트겐
직사각형

☐ **kare** 카레 정사각형

Karenin tüm kenar uzunlukları aynıdır.
카레닌 뜀 케나르 우주룩라르 아이느드르
정사각형은 네 변의 길이가 같다.

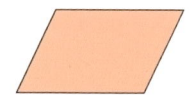

☐ **paralel kenar**
파라렐 케나르 **평행사변형**

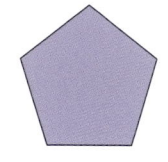

☐ **beşgen** 베쉬겐 오각형

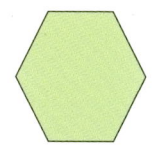

☐ **altıgen** 알트겐 육각형

Bal peteği altıgen şeklindedir.
발 페태이 알트겐 셰클린데디르
벌집은 육각형이다.

☐ **küp** 퀴프 정육면체

☐ **küre** 퀴레 구

Yaşadığımız dünya küre
şeklindedir.
야샤드으므즈 뒨야 퀴레 셰클린데디르
우리가 사는 지구는 구형이다.

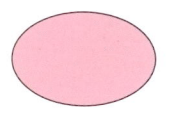

☐ **elips** 엘립스 타원형

☐ **silindir** 씰린디르
원기둥

☐ **koni** 코니 원추형

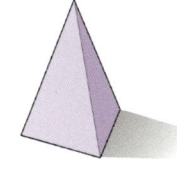

☐ **piramit** 피라밋 각뿔

1 인간

2 가정

3 수

4 도시

5 교통

6 업무

7 경제·사회

8 쇼핑

9 스포츠·취미

10 자연

Takvim 탁빔 **달력**

Mevsim 메브씸 **계절**

□ ilkbahar
일크바하르 **봄**

□ yaz 야즈 **여름**

□ kış 크쉬 **겨울**

□ sonbahar 손바하르 /
güz 귀즈 **가을**

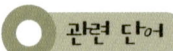 관련 단어

□ dört mevsim 되르트 메브씸 **사계절**

1 인간

2 가정

3 수

4 도시

5 교통

6 업무

7 경제 · 사회

8 쇼핑

9 스포츠 · 취미

10 자연

Ay 아이 **월**

- □ **Ocak** 오작 1월
- □ **Şubat** 슈밧 2월
- □ **Mart** 마르트 3월
- □ **Nisan** 니산 4월
- □ **Mayıs** 마이으스 5월
- □ **Haziran** 하지란 6월

- □ **Temmuz** 템무즈 7월
- □ **Ağustos** 아우스토스 8월
- □ **Eylül** 에일륄 9월
- □ **Ekim** 에킴 10월
- □ **Kasım** 카슴 11월
- □ **Aralık** 아랄륵 12월

dialog

A: **Hangi mevsimi seversiniz?**
한기 메브씨미 세베르씨니즈
무슨 계절을 좋아하세요?

B: **Sonbaharı severim.**
손바하르 세베림
가을을 좋아해요.

A: **Öyle mi? Ben de.**
외일레 미 벤 데
그래요? 저도 그래요.

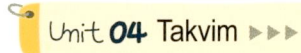

Özel günler 외젤 귄레르 **특별한 날**

☐ **yılbaşı** 이을바쉬 1월1일, 새해 첫날

Yılbaşında memleketime giderim.
이을바쉰다 멤레케티메 기데림
새해 첫날에는 고향에 간다.

☐ **hasat bayramı** 하삿 바이라므 추석

Hasat bayramında her yere bereket
dolar.
하삿 바이라믄다 헤르 예레 베레켓 돌라르
추석에는 모든 것이 풍요롭다.

☐ **ramazan** 라마잔 라마단

☐ **kurban bayramı**

쿠르반 바이라므 희생절

☐ **Noel** 노엘 크리스마스

Yarın, noel arifesinde buluşalım.
야른 노엘 아리페씬데 불루샬름
우리 내일 크리스마스이브에 만나자.

□ **sevgililer günü** 세브길리레르 귀뉘
연인들의 날

□ **doğum günü**
도움 귀뉘 생일

관련 단어

□ **bayram** 바이람 명절

anma günü 안마 귀뉘 기념일

□ **nevruz** 네브루즈 / **yeni gün** 예니 귄 봄맞이 명절 (옛 튀르크족의 봄맞
이 명절로 '새로운 날'이란 의미. 보통 춘분에 해당되는데, 이때를 새해 첫날로 여겼음.)

□ **babalar günü** 바바라르 귀뉘 아버지의 날 (매년 6월 셋째 주 일요일)

□ **anneler günü** 안네레르 귀뉘 어머니의 날 (매년 5월 둘째 주 일요일)

□ **Ramazan Bayramı** 라마잔 바이람 /
Şeker Bayramı 셰케르 바이람 라마단 명절 (라마단 기간이 끝나는 날
부터 3일 간 열리는 이슬람의 축제, 이슬람력에 따라 매년 달라짐)

□ **Ulusal Egemenlik ve Çocuk Bayramı**
울루살 에게멘릭 베 초죽 바이람 독립기념일 · 어린이날 (4월 23일)

□ **Atatürk'ü Anma, Gençlik ve Spor Bayramı**
아타튀르퀴 안마, 겐츠릭 베 스포르 바이람
아타튀르크 기념, 체육 · 청소년의 날 (5월 19일)

□ **Zafer Bayramı** 자페르 바이람 승전기념일 (8월 30일)

□ **Cumhuriyet Bayramı** 줌후리옛 바이람
공화국수립 기념일 (10월 29일)

1 인간
2 가정
3 수
4 도시
5 교통
6 업무
7 경제 · 사회
8 쇼핑
9 스포츠 · 취미
10 자연

Gün 귄 요일

☐ **Pazar** 파자르 일요일

☐ **Pazartesi** 파자르테씨 월요일

☐ **Salı** 살르 화요일

☐ **Çarşamba** 차르샴바 수요일

☐ **Perşembe** 페르솀베 목요일

☐ **Cuma** 주마 금요일

☐ **Cumartesi** 주마르테씨 **토요일**

Unit **05**

Zaman 자만 **시간**

1 인간 2 가정 **3 수** 4 도시 5 교통 6 업무 7 경제·사회 8 쇼핑 9 스포츠·취미 10 자연

□ saat
사아트 시

→

□ dakika
다키카 분

→

□ saniye
사니예 초

□ şafak 샤팍 /
tan vakti 탄 박티 새벽

□ öğle 외일레 정오

□ sabah 사바흐 아침

Bu sabah kahvaltıda çay
içtim.
부 사바흐 카흐발트다 차이 이츠팀
오늘 아침식사에 차를 마셨다.

□ gecenin ortasında
게제닌 오르타슨다 /

gece yarısı
게제 야르스 한밤중, 심야

□ gündüz
귄뒤즈 낮

□ gece 게제 밤

□ akşam 악샴 저녁

Bu akşam arkadaşımla
buluşacağım.
부 악샴 아르카다쉼라 불루샤자음
오늘 저녁에 친구와 만나기로 했다.

□ öğleden sonra
외일레덴 손라 오후

87

□ **evvelki gün** 에벨키 귄 /

dünden önceki gün 뒨덴 왼제키 귄 그저께

Babam ve annem evvelki gün(iki gün önce)
Fransa'ya tatile gittiler.
바밤 베 안넴 에벨키 귄(이키 귄 왼제) 프란사야 타틸레 깃틸레르
아빠와 엄마는 그저께 프랑스로 휴가를 가셨어요.

□ **dün** 뒨 어제　□ **bugün** 부귄 오늘　□ **yarın** 야른 내일

관련 단어

□ **tarih** 타리히 날짜

□ **hafta içi** 하프타 이치 평일

□ **hafta sonu** 하프타 소누 주말

□ **yüzyıl** 유즈이을 세기

□ **geçmiş** 게츠미쉬 과거

□ **bugün** 부귄 현재

□ **gelecek** 겔레젝 미래

□ **şimdi** 심디 / **şu an** 슈안 지금

1 인간

2 가정

3 수

4 도시

5 교통

6 업무

7 경제·사회

8 쇼핑

9 스포츠·취미

10 자연

☐ **sonra** 손라 나중

☐ **hemen** 헤멘 곧

☐ **şuandan itibaren** 슈안단 이티바렌 이제부터

☐ **sürekli** 쒸레클리 계속, 줄곧

☐ **sık sık** 슥슥 종종

☐ **bazen** 바젠 때때로, 이따금

☐ **ilk** 일크 / **birinci** 비린지 첫(번)째, 제1

☐ **en başta** 엔 바쉬타 / **ilk once** 일트 왼제 처음으로, 먼저

☐ **son** 손 마지막

☐ **an** 안 순간

☐ **geçen hafta** 게첸 하프타 지난주

☐ **bu hafta** 부 하프타 이번 주

☐ **gelecek hafta** 겔레젝 하프타 다음 주

☐ **her gün** 헤르 귄 매일

☐ **her hafta** 헤르 하프타 매주

☐ **her ay** 헤르 아이 매월

☐ **her sene** 헤르 세네 / **her yıl** 헤르 이을 매년

□ sabah 4 사바흐 되르트 오전 4시

□ **2:30** saat iki buçuk 사아트 이키 부축 2시 반

□ **9:05** Saat dokuzu beş geçiyor. 사아트 도쿠주 베쉬 게치요르
9시 5분입니다.

□ **3:45** saat üç kırkbeş 사아트 위츠 크륵베쉬 3시 45분

Saat dörde çeyrek var. 사아트 되르데 체이렉 와르
4시 15분 전입니다.

dialog

A: Cumartesi günü birlikte eğlenmeye gidelim.
주마르데씨 귀뉘 비를릭테 에일렌메에 기델림
토요일에 나랑 같이 놀러 가요.

B: Ciddi misiniz? Eğlenceli olacak!
짓디 미씨니즈 에일렌젤리 올라작
정말요? 재미있겠네요!

A: Seni almaya kaçta geleyim?
세니 알마야 카츠타 겔레임
언제 데리러 갈까요?

B: Sabah on gibi gelebilirsin.
사바흐 온 기비 겔레빌리르씬
오전 10시쯤 와주세요.

복습문제 Alıştırma

1 다음 숫자를 터키어로 써보세요.

a) 14 ____________________　　b) 67 ____________________

c) 134 ____________________　　d) 2233 ____________________

2 다음 단어의 뜻을 써 보세요.

a) yüzölçümü/alan ______________

b) ağırlık ______________

c) uzaklık ______________

d) yükseklik ______________

3 다음 그림과 단어를 연결해 보세요.

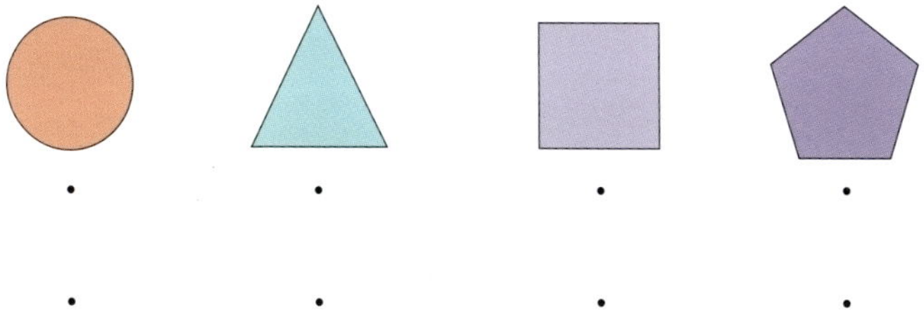

üçgen　　dörtgen　　beşgen　　çember

4 다음 빈칸에 알맞은 터키어를 써넣어 보세요.

a) 터키의 우기는 대체적으로 겨울이다

Türkiye'nin en yağışlı dönemi genellikle _____ mevsimindedir.

b) 수요일 ______________　　토요일 ______________

c) 어제 _____ ── 오늘 bugün ── 내일 _____

d) 아침 sabah ── 정오 öğle ── 오후 _____

___ 저녁 _____ ── 밤 _____

e) 지금 _____ 나중 _____

순간 _____ 매일 _____

5 다음 시간을 터키어로 써보세요.

a) 2시 15분 _____

b) 2시 8분 전 _____

c) 8시 정각 _____

d) 9시 반 _____

정답

1 a) on dört
b) altmış yedi
c) yüz otuz dört
d) iki bin iki yüz otuz üç

2 a) 넓이   b) 무게   c) 거리   d) 높이

3 원 – çember   삼각형 – üçgen   사각형 – dörtgen   오각형 – beşgen

4 a) Kış
b) çarşamba   cumartesi
c) dün   yarın
d) öğleden sonra   akşam   gece
e) şimdi   sonra   an   her gün

5 a) saat ikiyi çeyrek geçiyor
b) saat ikiye sekiz var
c) saat tam sekiz
d) saat dokuz buçuk

Theme 4

→ **Şehir** 셰히르 도시

1 인간
2 가정
3 수
4 도시
5 교통
6 업무
7 쇼핑
8 스포츠 · 레저
9 자연

Şehir Merkezi 셰히르 메르케지 **시내**

□ **apartman**

아파르트만 **아파트**

□ **karakol** 카라콜 /

polis merkezi

폴리스 메르케지 **경찰서**

□ **sinema** 씨네마

영화관

□ **kütüphane**

퀴튀파네 **도서관**

□ **okul** 오쿨 **학교**

Okula geç kalacaksın, çabuk kalk!

오쿨라 게츠 칼라작슨 차북 칼크

학교에 지각하겠다, 빨리 일어나!

□ **alışveriş merkezi**

알르쉬베리쉬 메르케지 **백화점**

Şu bina yeni inşaa edilen AVM imiş.

슈 비나 예니 인샤아 에딜렌 아베메 이미쉬

저게 새로 짓는 백화점 건물이래.

□ **tabela**

타벨라 **간판**

□ **dükkân** 뒤칸 **가게**

1 인간

2 가정

3 수

4 도시

5 교통

6 업무

7 경제 · 사회

8 쇼핑

9 스포츠 · 취미

10 자연

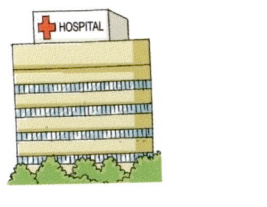

□ **hastane** 하스타네 병원

Boynum çok ağrıyor. Hastaneye
gitmem gerek.
보이눔 축 아으르요르 하스타네에 기트멤 게렉
목이 너무 아파. 병원에 가봐야겠어.

□ **postane** 포스타네 우체국

□ **eczane** 에즈자네 약국

관련 단어

□ **yüksek bina** 육섹 비나 고층 건물

□ **bina** 비나 빌딩

□ **müze** 뮈제 박물관

□ **sanat müzesi** 사낫 뮈제씨 미술관

□ **fabrika** 파브리카 공장

□ **kitapçı** 키탑츠 서점

□ **elektronik market** 엘렉트로닉 마르켓 전자 상가

□ **gar** 가르 / **tren istasyonu** 트렌 이스타씨요누 기차역

□ **yaya üst geçidi** 야야 위스트 게치디 육교

□ **ağaçlı cadde** 아아츨르 잣데 가로수 길

Postane 포스타네 **우체국**

□ **postane çalışanı**

포스타네 찰르샤느 **우체국 직원**

Üçüncü gişedeki memur benim
kargomu teslim aldı.
위췬쥐 기셰데키 메무르 베님 카르고무 테슬림 알드
3번 창구의 우체국 직원이 내 소포를 접수했다.

□ **mektup** 멕튭

편지

□ **postacı** 포스타즈 **집배원**

Postacı hemen hemen aynı saatte gelir.
포스타즈 헤멘 헤멘 아이느 사앗테 겔리르
집배원은 거의 같은 시간에 온다.

□ **posta pulu**

포스타 풀루 **우표**

□ **posta kodu**

포스타 코두 **우편 번호**

□ **mektup zarfı**

멕튭 자르프 **편지 봉투**

□ **dikkat kırılır**

딕캇 크를르르 **취급주의**

□ **kırılacak eşya**

크를라작 에시야 **취급주의 물품**

□ **posta kutusu**

포스타 쿠투수 **우체통**

1 인간

2 가정

3 수

4 도시

5 교통

6 업무

7 경제 · 사회

8 쇼핑

9 스포츠 · 취미

10 지역

관련 단어

- □ gişe 기셰 창구
- □ tartı 타르트 저울
- □ posta ücreti 포스타 위즈레티 우편 요금
- □ adres 아드레스 주소
- □ posta mührü 포스타 뮈흐뤼 소인
- □ posta 포스타 우편
- □ kargo 카르고 / koli 콜리 소포
- □ taahhütlü 타아휘트뤼 등기
- □ Acele Posta Servisi 아젤레포스타 세르비씨 /
  APS 아페세 속달

dialog

A: Postane buradan uzak mıdır?
포스타네 부라단 우작 므드르
우체국이 여기서 멀리 있나요?

B: Çok yakın. Yürüyerek gidebilirsiniz.
촉 야큰 유뤼예렉 기데빌리르씨니즈
아주 가까워요. 걸어서 갈 수 있어요.

A: Anladım, teşekkür ederim.
안라듬 테쉐퀴르 에데림
예, 고맙습니다.

Hastane 하스타네 병원

☐ **Dahiliye Polikliniği**
다힐리예 폴리클리니이 내과

☐ **Cildiye Polikliniği**
질디예 폴리클리니이 피부과

☐ **Ağız ve Diş Sağlığı Polikliniği**
아으즈 베 디쉬 사을르으 폴리클리니이 치과

☐ **Diş Hekimi**
디쉬 헤키미 치과 의사

☐ **Kulak Burun Boğaz Polikliniği**
쿨락 부룬 보아즈 폴리클리니이 이비인후과

☐ **Çocuk Sağlığı ve Hastalıkları Polikliniği**
초죽 사을르으 베 하스타륵라르 폴리클리니이 소아과

Çocuğumun ateşi vardı da o yüzden çocuk
hastanesine gidip geldim.
초주우문 아테시 와르드 다 오 유즈덴 초죽 하스타네씨네 기딥 겔딤
아이가 열이 나서 소아과에 다녀왔다.

□ **Psikiyatri Polikliniği**
피씨키야트리 폴리클리니이 정신과

□ **psikiyatr** 피씨키야트르
정신과 의사

□ **Kadın Hastalıkları ve Doğum Polikliniği**
카든 하스타륵라르 베 도움 폴리클리니이
산부인과

□ **doktor** 독토르 의사

İstirahat etmeniz gerektiğini söyleyen doktorun sözlerini dikkate alın.
이스티라핫 에트메니즈 게렉티이니 쐬일레옌 독
토룬 쐬즈레리니 딕카테 알른
안정을 취하라는 의사의 말을 무시하지 마세요.

□ **hemşire** 헴시레 간호사

Hemşire ismimi söyledi.
헴시레 이스미미 쐬일레디
간호사가 내 이름을 불렀다.

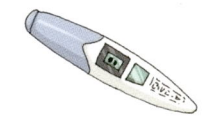

□ **ateş ölçer** 아테쉬 욀체르
체온계

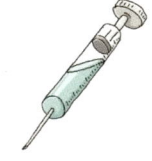

□ **enjekte etmek** 엔젝테 에트멕 /
iğne yapmak 이네 야프막 주사하다

□ **alçı** 알츠 깁스

1 인간
2 가정
3 수
4 도시
5 교통
6 업무
7 경제·사회
8 쇼핑
9 스포츠·취미
10 자연

99

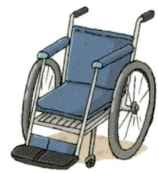

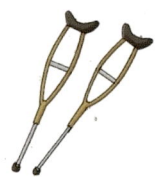

☐ **tekerlekli sandalye**

테케르렉리 산달리예 **휠체어**

☐ **koltuk değneği** 콜툭 데이네이 **목발**

Bir ay boyunca koltuk değneği
kullanması gerekiyormuş.
비르 아이 보윤자 콜툭 데이네이 쿨란마스 케레키요르무쉬
앞으로 한달 동안은 목발을 짚고 다녀야 한대.

관련 단어

☐ **Genel Cerrahi Polikliniği** 게넬 제라히 폴리클리니이 **외과**

☐ **Üroloji Polikliniği** 위롤로지 폴리클리니이 **비뇨기과**

☐ **Ortopedi Hastanesi** 오르토페디 하스타네씨 **정형외과**

☐ **Estetik ve Plastik Cerrahi Polikliniği**
에스테틱 베 플라스틱 제라히 폴리클리니이 **성형외과**

☐ **Göz Hastanesi** 괴즈 하스타네씨 /
Göz Polikliniği 괴즈 폴리클리니이 **안과**

☐ **ambulans** 암불란스 **구급차**

☐ **acil kurtarma ekibi** 아질 쿠르타르마 에키비 /
paramedik 파라메딕 **응급 구조 요원**

☐ **hasta** 하스타 **환자**

☐ **muayene etmek** 무아예네 에트멕 **진찰하다**

1 인간

2 가정

3 수

4 도시

5 교통

6 업무

7 경제 · 사회

8 쇼핑

9 스포츠 · 취미

10 자연

□ **tedavi etmek** 테다비 에트멕 치료하다

□ **dezenfekte etmek** 데젠펙테 에트멕 /
   ilaçlamak 일라츠라막 소독하다

□ **ameliyat etmek** 아멜리얏 에트멕 수술하다

□ **serum takmak** 세룸 타크막 링거액을 주사하다

□ **sağlık raporu** 사을륵 라포루 진단서

□ **reçete** 레체테 처방전

□ **sağlık muayenesi** 사을륵 무아예네씨 건강 진단

dialog

A: Bugün göz doktoruna gitmemiz gerektiği için
   okuldan sonra hemen gel.
   부귄 괴즈 독토루나 기트메메즈 게렉티이 이친 오쿨단 손라 헤멘 겔
   오늘 오후에 안과에 가야 하니, 빨리 와라.

B: Bugün geç saate kadar dersim var ama.
   부귄 게츠 사아테 카다르 데르씸 와르 아마
   오늘은 수업이 늦게까지 있는데요.

   Hastaneyi arayıp randevuyu yarına erteleysek
   olmaz mı?
   하스타네이 아라이읍 란데부유 야르나 에르텔레섹 올마즈 므
   병원에 전화해서 내일로 연기하면 안 될까요?

A: Peki tamam.
   페키 타맘
   그래, 알았어.

Eczane 에즈자네 약국

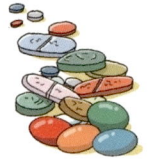

□ **hap** 합 알약

Hapı içmek genelde kolaydır.
하프 이츠멕 게넬데 콜라이드르
알약은 비교적 먹기 편해요.

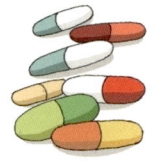

□ **kapsül** 캅쉴 캡슐

□ **şurup** 슈릅 물약

Bu şurubu günde iki kaşık içirin.
부 슈루부 귄데 이키 카쉭 이치린
이 물약은 한번에 두 스푼씩 먹이세요.

□ **merhem** 메르헴 연고

Merhemi yaraya sürekli sürün.
메르헤미 야라야 쉬레클리 쉬륀
상처에 꾸준히 연고를 바르세요.

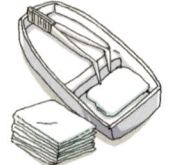

□ **gazlı bez** 가즐르 베즈

거즈

□ **yara bandı** 야라 반드

일회용 밴드

1 인간

2 가정

3 수

4 도시

5 교통

6 업무

7 경제·사회

8 쇼핑

9 스포츠·취미

10 자연

관련 단어

- □ **eczacı** 에자즈 약사
- □ **doz** 도즈 복용량
- □ **dahili hastalıklar ilacı** 다힐리 하스타륵라르 일라즈 내복약
- □ **fitil** 피틸 좌약
- □ **ağrı kesici** 아으르 케씨지 진통제
- □ **uyku ilacı** 우이쿠 일라즈 수면제
- □ **sakinleştirici** 사킨레쉬티리지 진정제
- □ **iltihap sökücü** 일타합 쐬퀴쥐 /

  antienflamatuar 안티엔플라마투아르 소염제
- □ **ihsal ilacı** 이흐살 일라즈 설사약, 지사제
- □ **serum fizyolojik** 세룸 피지욜로직 생리 식염수
- □ **sargı bezi** 사르그 베지 붕대
- □ **yan etki** 얀 에트키 부작용

dialog

A: Bu ağrı kesiciyi veriniz.
부 아으르 케씨지이 베리니즈
이 진통제 좀 주세요.

B: Bu ilacı almak istiyorsanız doktor reçetesi olması gerekiyor.
부 일라즈 알막 이스티요르사느즈 독토르 레체테씨 올마스 게레키요르
이 약을 사시려면, 의사의 처방전이 있어야 해요.

Hastalıklar 하스타륵라르 **질병**

□ **soğuk almak** 소욱 알막 /
üşütmek 위쉬트멕 **오한이 들다**

□ **baş ağrısı** 바쉬 아으르스 **두통**

Başım çok ağrıdığı için dikkatimi toplayamıyorum.
바쉼 촉 아으르드으 이친 딕카티미 토플라야므요룸
두통이 심해서 정신을 차릴 수가 없다.

□ **ateşlenmek**
아테쉬렌멕 **열이 나다**

□ **grip** 그립 /
enflüanza 엔플뤼안자 **독감**

Grip yüzünden bugün işe gelemedi.
그립 유쥔덴 부귄 이세 겔레메디
그는 오늘 독감으로 결근했습니다.

□ **grip** 그립 **감기**

□ **kusmak** 쿠스막 **구토하다**

Öğle yemeğinde midesi bozulduğu için kusuyor.
외일레 예메인데 미데씨 보줄두우 이친 쿠수요르
점심 먹은 게 체해서 구토를 한다.

□ **yanık** 야늑 화상

□ **burun kanaması**

부룬 카나마스 **코피**

□ **alerjik reaksiyon**

알레르직 레악씨욘
알레르기 반응

□ **yara** 야라 상처

Umarım yara iz kalmadan
kapanır⋯.
우마름 야라 이즈 칼마단 카파느르
상처가 깨끗하게 아물어야 할 텐데⋯.

□ **kabarcık** 카바르즉라르/

su toplaması 수 토플라마스 **물집**

Yeni ayakkabım yüzünden
ayaklarım su topladı.
예니 아약카븜 유췬덴 아야크라름 수 토플라드
새 신을 신었더니 발에 물집이 생겼다.

□ **çürük diş** 취륵 디쉬 **충치**

Ay⋯. dişlerimden biri daha çürümüş!
아이 디쉬레림덴 비리 다하 취뤼뮈쉬
아이구, 충치가 또 하나 늘었네!

□ **yüksek tansiyon** 육섹 탄씨욘 **고혈압**

Henüz kırk yaşına bile gelmemiş bir insan
yüksek tansiyona nasıl yakalanabilir ki⋯.
헤뉘즈 크르크 야쉬나 빌레 겔메미쉬 비르 인산 육섹 탄씨요나 나슬
야칼라나빌리르 키
아직 40도 안 된 사람이 고혈압이라니⋯.

관련 단어

- □ hastalanmak 하스타란막 병이 나다
- □ virüs 비뤼스 병균
- □ kanser 칸세르 암
- □ şeker hastalığı 셰케르 하스타르으 당뇨병
- □ hepatit 헤파팃 / karaciğer iltihabı 카라지에르 일티하브 간염
- □ obezite 오베지테 비만증
- □ kansızlık 칸스즈륵 빈혈
- □ migren 미그렌 편두통
- □ bel ağrısı 벨 아으르스 요통
- □ karın ağrısı 카른 아으르스 복통
- □ besin zehirlenmesi 베씬 제히를렌메씨 식중독
- □ hazımsızlık 하즘스즈륵 /

   sindirim bozukluğu 씬디림 보죽루우 소화불량
- □ kabızlık 카브즈륵 변비
- □ kuş gribi 쿠쉬 그리비 조류 독감, 조류 인플루엔자
- □ ishal 이스할 설사
- □ kanama 카나마 출혈
- □ öksürük 왹쒸뤽 기침
- □ aksırık 악스륵 / hapşırık 합쉬륵 재채기
- □ kör olmak 쾨르 올막 눈이 멀다
- □ sağır olmak 사으르 올막 귀가 들리지 않다 (귀가 먹게 되다)

1 인간

2 가정

3 수

4 도시

5 교통

6 업무

7 경제·사회

8 쇼핑

9 스포츠·취미

10 자연

dialog

A: **Kansızlık şikâyetin ne durumda?**
칸스즈륵 시캬예틴 네 두룸다
당신 빈혈 증세는 좀 어때요?

B: **Şöyle böyle. Hemen geçmez yani.**
쇠일레 뵈일레 헤멘 게츠메스 야니
그저 그렇죠, 뭐. 금방 좋아질 리가 없잖아요.

A: **İlaçlarını mutlaka kullan.**
일라츠라르느 무틀라카 쿨란
그러니 약 꼭 챙겨 먹어요.

B: **Tamam içiyorum. Merak etme.**
타맘 이치요룸 메락 에트메
잘 먹고 있어요. 걱정하지 마세요.

Banka 방카 은행

□ **banka memuru**

방카 메무루 **은행 직원**

□ **güvenlik**

귀벤릭 **청원 경찰**

□ **kâğıt para**

캬읏 파라 **지폐**

□ **madeni para**

마데니 파라 **동전**

□ **para miktarı**

파라 믹타르 **금액**

□ **çek** 책 **수표**

Bir tane çek yazıverin.
비르 타네 책 야즈 베린
수표 한 장으로 만들어 주세요.

□ **kredi kartı**

크레디 카르트 **신용카드**

kredi kartımı kaybettim.
크레디 카르트므 카이벳팀
신용카드를 분실했어요.

□ **hesap cüzdanı**

헤삽 쥐즈다느 **통장**

1 인간

2 가정

3 수

4 도시

5 교통

6 업무

7 경제 · 사회

8 쇼핑

9 스포츠 · 취미

10 지역

관련 단어

□ **vezne** 베즈네 업무 창구

□ **veznedar** 베즈네다르 출납

□ **müşteri** 뮈쉬테리 고객

□ **mevduat** 메브두앗 저금, 예금

□ **ödünç para** 외뒨츠 파라 / **kredi** 크레디 대출금

□ **para transferi** 파라 트란스페리 계좌 이체

  * **EFT** (Elektronik Fon Transferi)

   엘렉트로닉 폰 트란스페리 타은행 송금

□ **havale** 하발레 당은행 송금

□ **banka masrafları kesintisi** 방카 마스라프라르 케씬티씨

  은행 수수료

□ **hesap numarası** 헤삽 누마라스 계좌 번호

□ **şifre** 시프레 비밀 번호

□ **aylık ödeme bildirimi** 아일륵 외데메 빌디리미 /

  hesap ekstresi 헤삽 엑스트레씨 매월 납부 통지서

□ **ödeme** 외데메 납부하다

□ **imzalamak** 임잘라막 서명하다, 사인하다

□ **ATM** 아테메 / **bankamatik** 방카마틱 현금 자동 입출금기, ATM

dialog

A: Afedersiniz, acaba bu yakınlarda banka var mı?
아페데르씨니즈 아자바 부 야큰라르다 방카 와르 므
저, 이 근처에 은행이 있나요?

B: Şuradaki yüksek binanın hemen yanında olacak.
슈라다키 육섹 비나는 헤멘 야는다 올라작
저기 큰 빌딩 바로 옆에 있어요.

A: Teşekkür ederim.
테섹퀴르 에데림
고마워요.

1 인간

2 가정

3 수

4 도시

5 교통

6 업무

7 경제·사회

8 쇼핑

9 스포츠·취미

10 자연

Unit 07

Ayaküstü Yemek 아야위스튀 예멕 **패스트푸드**

□ **patates kızartması**

파타테스 크자르트마스

감자튀김, 프렌치프라이

□ **donut**

도넛 **도넛**

□ **hamburger**

함부르게르 **햄버거**

□ **kızarmış tavuk**

크자르므쉬 타욱 **프라이드치킨**

Buranın kızarmış tavuğu çok lezzetlidir.
부라는 크자르므쉬 타부우 촉 레젯틀리디르
이 집 프라이드치킨 참 맛있어.

□ **çörek** 쵀렉

(밀가루와 약간의 기름을 사용하여
구운 빵의 일종. 소금과 계란을 사용
하기도 함.)

□ **sandviç** 산드위츠 **샌드위치**

Ben karışık (salamlı ve kaşar
peynirli) sandviç severim.
벤 카르쉭 (살람르 베 카샤르 페이니를리) 산
드위츠 세베림
나는 혼합 (살라미와 체다 치즈가 들어간)
샌드위치가 좋아요.

□ **pipet** 피펫 **빨대**

□ **kola** 콜라 **콜라**

111

관련 단어

- □ atıştırmalık 아트쉬트르마륵 / aperatif 아페라티프 스낵, 분식
- □ çerez 체레즈 견과류, 건과일 등의 간식류
- □ pizza 핏자 피자
- □ tost 토스트 토스트
- □ içecek 이체젝 음료
- □ milkshake 밀크셰이크 밀크셰이크
- □ dondurma 돈두르마 아이스크림

- □ tat 탓 맛
- □ tatlı 타틀르 달콤한
- □ lezzetli 레젯틀리 맛있는

1 인간

2 가정

3 수

4 도시

5 교통

6 업무

7 경제·사회

8 쇼핑

9 스포츠·취미

10 자연

dialog

A: Ne alırsınız?
네 알르르스느즈
무엇을 드시겠어요? (무엇을 드릴까요?)

B: İki set peynirli hamburger lütfen.
이키 셋 페이니를리 함부르게르 뤼펜
치즈버거 세트 두 개 주세요.

A: Burada mı yersiniz, yoksa paket mi olsun?
부라다 므 에르씨니즈 욕사 파켓 미 올순
여기서 드실 건가요. 아니면 포장해 가시겠어요?

B: Burada yiyeceğim.
부라다 이예제임
먹고 갈 거예요.

Lokanta 로칸타 레스토랑

□ **biftek** 비프텍 스테이크

□ **salata** 살라타 샐러드

□ **makarna** 마카르나 스파게티

Öğle yemeğinde makarnaya ne dersin?
외일레 예메인데 마카르나야 네 데르씬
오늘 점심으로 스파게티 어때?

□ **çorba** 초르바 수프

Sıcacık sebze çorbası istiyorum.
스자즉 세브제 초르바스 이스티요룸
따뜻한 야채 수프가 먹고 싶어.

□ **körili pilav** 쾨릴리 필라브
카레라이스

Kardeşim körili pilavdan nefret eder.
카르데심 쾨릴리 필라브단 네프렛 에데르
내 동생은 카레라이스를 싫어한다.

□ **deniz ürünlü yemek**
데니즈 위륀뤼 예멕 해산물 요리

Türkiye'de deniz ürünlü yemekler fazla yoktur.
튀르키예데 데니즈 위륀뤼 예멕레리 파즐라 욕투르
터키에는 해산물 요리가 많지 않다.

1 인간

2 가정

3 수

4 도시

5 교통

6 업무

7 경제 · 사회

8 쇼핑

9 스포츠 · 취미

10 저녁

관련 단어

- ☐ **yemek** 예멕 요리
- ☐ **yemek siparişi vermek** 예멕 씨파리시 베르멕 요리를 주문하다
- ☐ **çocuk menüsü** 초죽 메뉘쒸 어린이 메뉴
- ☐ **aperatif** 아페라티프 애피타이저
- ☐ **tatlı** 타틀르 디저트
- ☐ **barbekü** 바르베퀴 / **mangal** 망칼 바비큐
- ☐ **omlet** 오믈렛 오믈렛
- ☐ **ıstakoz** 으스타코스 바닷가재

- ☐ **iyi pişmiş** 이이 피쉬미쉬 웰던, 잘 익힌
- ☐ **orta pişmiş** 오르타 피쉬미쉬 미디엄, 중간 정도로 익힌
- ☐ **az pişmiş** 아즈 피쉬미쉬 레어, 살짝만 익힌

- ☐ **peçete** 페체테 냅킨
- ☐ **hesap** 헤삽 계산서

dialog

A: Ne alırsınız?

네 알르스느즈

주문하시겠어요?

B: İki porsiyon biftek lütfen.

이키 포르씨욘 비프텍 륏펜

스테이크 2인분 주세요.

A: Nasıl pişmiş istersiniz efendim?

나슬 피쉬미쉬 이스테르씨니즈 에펜딤

스테이크는 어떻게 해드릴까요?

B: Orta pişmiş olsun.

오르타 피쉬미쉬 올순

미디엄으로 해주세요.

Unit 09

Türk Mutfağı 튀륵 무트파으 **터키 음식**

• 터키 요리는 세계 3대 요리 중 하나라고 알려져 있다. 터키 요리는 오스만 제국 시절 갖가지 요리와 디저트로 술탄의 미각을 충족 시키기 위해 다양한 재료와 조리법으로 발달했다고 한다.

□ **köfte** 쾨프테

(갈은 소고기나 양고기를 작게 빚은 후 구워먹는 요리)

□ **çorba** 초르바

[터키식 스프, 렌틸콩 스프, 토마토 스프, 요구르트 스프, 소내장 스프 등이 대표적이다.]

□ **dolma** 돌마

(피망, 호박, 토마토, 가지 등의 야채 속을 파내어 안에 쌀과 고기, 야채, 향신료 등을 채워 넣고 삶거나 구워 먹는 음식)

□ **sarma** 사르마

(절인 포도잎이나 양배추 잎 안에 밀 혹은 쌀을 넣어 말아 만든 요리로 갈은 고기나 잣 등을 첨가하기도 한다.)

□ **pide** 피데

(밀가루 반죽 위에 체다 치즈나 계란, 고기, 살라미 등의 재료를 얹어 화덕에 구워 먹는 피자의 일종)

□ **kebap** 케밥

[양고기와 소고기를 주로 사용하는 대표적인 터키 고기 요리. 되네르 케밥, 이스켄데르 케밥, 아다나 케밥, 우르파 케밥, 시시 케밥 등이 유명하다. 주로 지역 이름이나 사용하는 재료, 조리 방법이나 도구에 따라 이름이 붙여진다.]

□ **lahmacun** 라흐마준

(얇은 밀가루 반죽 위에 갈은 고기를 얹고 후추, 고춧가루, 양파, 마늘, 향신료 등을 사용하여 화덕에 구워 먹는 요리)

117

☐ **mantı** 만트

(작은 만두의 일종. 소고기를 만두 소로 사용하며, 지역에 따라 감자를 넣는 경우도 있다. 토마토 소스와 요구르트를 곁들여 먹는다.)

☐ **börek** 뵈렉

(파이의 일종)

☐ **ayran** 아이란

(대표적인 터키 음료로, 플레인 요구르트에 물과 약간의 소금을 첨가하여 마신다.)

☐ **yoğurt** 요우르트 **요구르트**

(터키인은 요구르트를 요리에 함께 곁들여 먹는다.)

☐ **kahve** 카흐베 커피

☐ **çay** 차이 차

관련 단어

- **ekmek** 에크멕 **빵** (터키인의 주식으로 지역에 따라 크기와 모양이 다양하다. 겉은 바삭하고 안은 촉촉하다.)

- **et yemeği** 엣 예메이 **고기 요리**

- **sebze yemeği** 세브제 예메이 **야채 요리**

- **içecek** 이체젝 **음료**

- **döner kebap** 되네르 케밥 (긴 꼬치에 소고기 혹은 닭고기를 겹겹이 쌓아 올린 후 돌려가며 직화로 구워 조리한다. 얇게 썰어 빵 사이에 토마토와 양배추, 양파 등을 넣어 먹는다.)

- **çoban salatası** 초반 살라타스 **목동 샐러드** (가장 흔히 즐겨 먹는 샐러드로 오이와 토마토, 양파, 파슬리를 사용하며, 레몬즙, 올리브 기름, 석류 즙을 뿌려 먹는다.)

- **yaprak sarması** 야프락 사르마스 (포도잎으로 만든 싸르마)

- **su böreği** 수 뵈레이 (계란과 밀가루 반죽에 치즈와 파슬리 등을 넣어 만드는 음식.)

- **mercimek çorbası** 메르지멕 초르바스 **렌틸콩 스프** (터키의 대중적인 스프로 얇은 주황빛 혹은 노르스름한 빛깔을 띤 콩 스프. 중동지역에서도 즐겨 먹는다.)

- **baklava** 바클라바 [터키를 대표하는 디저트 중 하나. 수십 겹의 밀가루 반죽 사이에 호두나 피스타치오, 땅콩 가루를 넣고 구운 후 꿀이나 설탕시럽을 끼얹어 만든다. 카이막(우유 크림), 아이스크림, 말린 무화과, 살구와 곁들여 먹기도 한다.]

- **lokum** 로쿰 (터키쉬 딜라이트로 설탕과 전분, 견과류, 과일, 색소들을 사용하여 만드는 젤리의 일종)

□ **dondurma** 돈두르마 아이스크림 (마라쉬 돈두르마는 터키의 전통적 인 아이스크림으로 쫀득쫀득한 식감이 특징이다. 석류, 체리, 산딸기, 레몬, 오렌지, 호두, 피스타치오, 초콜릿 등 다양한 재료를 섞어 만들기도 한다.)

dialog

A: **Biz ne yiyelim?**
비즈 네 이옐림
우리 뭐 먹을까?

B: **Bilmem döner mi yesek?**
빌멤 되네르 미 예섹
글쎄, 도네르 케밥이나 먹을까?

A: **Her zaman aynı şeyi mi yiyeceğiz?**
헤르 자만 아이느 셰이 미 이예제이즈
맨날 그것만 먹니?

B: **Yemek seçme konusunda becerikli değilim ki ben. O zaman siparişi sen ver bakalım.**
예멕 세츠메 코누순다 베제리클리 데일림 키 벤 오 자만 씨파리시 센 베르 바칼름
뭐 아는 게 있어야지. 그럼 네가 주문해 봐.

터키 문화에서 차(茶)는 매우 중요한 위치를 차지한다. 한국인들이 소위 '밥 한 번 먹자'라고 하듯이 터키인들은 '(함께) 차 마시자', '차 마시러 우리 집에 놀러 와요'라는 인사를 건넨다. 차는 단순한 음료가 아닌, 함께 시간을 나누고 대화를 끌어낼 수 있는 '소통의 매개체'이다.

터키 차는 보통 흑해 동부지역에서 재배된다. 보통 터키 전통 차라고 하면 흑차를 일컬으며, 이외에도 녹차나 홍차, 국화, 라임, 계피, 세이지, 회향, 정향 등의 각종 허브 티와 딸기, 포도, 자두, 오렌지, 사과, 복숭아, 레몬, 로즈힙, 산딸기, 블랙베리 등의 과일티를 마신다.

터키인들은 차를 마실 때 보통 각설탕 1~3개를 넣어 마시는데, 설탕을 전혀 넣지 않고 마시는 이들도 있다. 보통 터키 차는 두 개 주전자가 이층으로 이뤄진 차이단륵(çaydanlık)을 사용하여 아래의 찻주전자에 말린 찻잎과 물을 넣고 위 찻주전자에는 물을 넣어 함께 끓인다. 찻잎이 우려지면 기호에 따라 뜨거운 물의 양을 조절하여 우린 찻물과 함께 희석하여 마신다. 터키에서는 특히, 손잡이가 없고, 유리로 만들어진 허리가 잘록한 찻잔에 차를 따라서 마시는데, 이 찻잔의 모양은 튤립을 닮았다. 튤립은 터키의 국화이자 오스만 제국의 상징물이었다.

터키에서는 손님에게 차를 권하는 것을 미덕으로 여기고 있으며, 손님이 예의상 거절을 할 경우에도 몇 번이고 더 권하여 대접하고 있다. 차를 더 이상 마시지 않겠다는 의미로 티스푼을 찻잔 위에 얹어 놓으면, 충분히 차를 마셨다거나 거절한다는 의미를 표현할 수 있다.

터키의 옛말 중 '한 잔의 커피에는 40년의 추억이 깃들어 있다'라는 말이 있을 정도로 터키인들이 커피에 가지는 애착과 자부심은 실로 크다

터키쉬 커피는 보통 아라비카 원두를 볶은 후 아주 곱게 갈아 사용하며, 중동지역에서 마시던 커피와 비슷하게 만든다. 터키쉬 커피는 청동으로 만든 제즈베(cezve)라고 불리는 커피 주전자에 2커피 가루(커피 한잔에 커피가루 2 티스푼이 필요함)와 찬물을 넣고 약한 불로 끓인다. 거품이 일어날 때까지 티스푼으로 천천히 계속 휘젓는다. 어느 정도 끓으면 커피잔에 거품을 조심스럽게 나눠 담고 다시 끓이다가 커피잔에 거품이 없어지지 않게 조심스럽게 커피잔 한 쪽으로 주전자를 기울여 커피를 담는다.

터키쉬 커피는 커피 가루와 물을 함께 끓이기 때문에 맛이 매우 진해서 항상 조그만 잔에 물과 함께 대접한다. 커피 가루가 침전하기를 조금 기다렸다가, 천천히 커피를 마시는 것이 보통이다. 커피를 마신 후에는 잔 밑에 가라앉은 커피가루 찌꺼기를 보고 커피를 마신 사람의 미래에 대해 점을 치기도 한다.

1 인간

2 가정

3 수

4 도시

5 교통

6 업무

7 경제·사회

8 쇼핑

9 스포츠·취미

10 자연

Bar 바르 / Meyhane 메이하네 **술집**

□ **viski** 위스키 위스키

□ **kokteyl** 콕테일 **칵테일**

Kokteyl hoşuma gitmez.
콕테일 호슈마 기트메스
칵테일은 내 취향에 맞지 않는다.

□ **Buzlu** 부즐루

온더록스

□ **şarap** 샤랍 **와인**

Şarap oldukça sert bir içkidir.
샤랍 올둑차 세르트 비르 이츠키디르
와인은 은근히 독한 술이다.

□ **maden suyu**

마덴 수유 소다수

□ **meze** 메제

에피타이저, 안주

□ **bira** 비라 **맥주**

Sıcak yaz aylarında bira çok
iyi gider.
스작 야즈 아이라른다 비라 촉 이이 기데르
더운 여름엔 역시 생맥주야.

□ **barmen** 바르멘

바텐더

1 인간

2 가정

3 수

4 도시

5 교통

6 업무

7 경제·사회

8 쇼핑

9 스포츠·취미

10 자연

관련 단어

□ **rom** 롬 럼

□ **votka** 보드카 보드카

□ **cin** 진 진

□ **cintonik** 진토닉 진토닉

□ **şampanya** 샴판야 샴페인

□ **rakı** 라크 라크 (포도로 만드는 증류주로 '사자의 젖'이라고도 불린다. 물에 희석하여 마시며 독특한 풍미가 특징이다. 주로 생선요리와 함께 곁들여 마시며 치즈, 메론 등을 안주로 먹는다.)

□ **sarhoş olmak** 사르호쉬 올막 취하다

□ **şerefe** 셰레페 건배

dialog

A: Biz çok içmişiz.
비즈 촉 이츠미시이즈
우리 너무 많이 마신 거 같아.

B: Yok, bir bardak bira daha içip gidelim
욕 비르 바르닥 비라 다하 이칩 기델림
아니야, 맥주 한잔만 더 마시고 가자.

A: Ne diyorsun sen ya, şimdiden sarhoşluktan yürüyemiyorsun.
네 디요르순 센 야 심디덴 사르호쉬룩탄 유뤼예미요르순
무슨 소리야. 벌써 취해서 비틀거리면서.

123

Otel 오텔 호텔

☐ **ana bina** 아나 비나 본관

☐ **ek bina** 엑 비나 별관

☐ **lobi** 로비 로비

Çabuk gel, seni lobide
bekliyorum.
차북 겔 세니 로비데 베클리요룸
빨리 와. 나 지금 로비에서 기다리고 있어.

☐ **resepsiyon** 레셉씨욘 프런트 데스크

Alo. Resepsiyon mu?
알로 레셉씨욘 무
여보세요. 거기 프런트 데스크죠?

☐ **giriş** 기리쉬 / **check-in** 체크인

☐ **çıkış** 츠크쉬 / **check-out** 체크아웃

Şimdi check-out yaptırmak istiyorum.
심디 체크아웃 얍트르막 이스티요룸
지금 체크아웃하려고 하는데요.

□ **tek kişilik oda**

텍 키실릭 오다 싱글룸

□ **çift kişilik oda**

치프트 키실릭 오다 트윈룸

□ **bahşiş** 바흐시쉬 팁

Sağ olun. Buyurun bahşişiniz.
사으 올룬 부유룬 바흐시시니즈
고마워요. 이건 팁이에요.

□ **oda servisi** 오다 세르비씨

룸서비스

□ **erkek çalışan**

에르켁 찰르샨 남종업원

□ **kadın çalışan**

카든 찰르샨 여종업원

□ **uyandırma servisi**

우얀드르마 세르비씨 모닝콜 서비스

Yarın sabah 6'da uyandırma servisi rica ediyorum lüfen.
야른 사바흐 알트다 우얀드르마 세르비씨 리자 에디요룸 륏펜
내일 아침 여섯 시에 모닝콜 서비스 부탁합니다.

1 인간
2 가정
3 수
4 도시
5 교통
6 업무
7 경제·사회
8 쇼핑
9 스포츠·취미
10 자연

125

관련 단어

☐ **beş yıldızlı** 베쉬 이을드즐르 오성급의, 특급의

☐ **depo** 데포 / **ambar** 암바르 물품 보관소

☐ **kasa** 카사 계산대

☐ **revir** 레비르 의무실

☐ **asansör** 아산쐬르 엘리베이터

☐ **koridor** 코리도르 복도

☐ **rezervasyon yaptırmak** 레제르바씨욘 얍트르막 예약하다

☐ **boş oda** 보쉬 오다 빈방

☐ **döviz** 되비즈 환전

☐ **çocuk bakım hizmeti** 초죽 바큼 히즈메티 유아 돌봄 서비스

☐ **rahatsız etmeyiniz** 라핫스즈 에트메이니즈 방해하지 마세요

☐ **işi olmayan giremez** 이쉬 올마얀 기레메즈
관계자 외 출입 금지

☐ **oda temizlenmektedir** 오다 테미즈렌멕테디르 방 청소 중

1 인간

2 가정

3 수

4 도시

5 교통

6 업무

7 경제 · 사회

8 쇼핑

9 스포츠 · 취미

10 자연

dialog

A: Oda rezervasyonu yaptırmak istiyorum.
오다 레제르바씨요누 얍트르막 이스티요룸
방을 예약하려고 하는데요.

B: Anladım, ne kadar kalacaksınız?
안라듬 네 카다르 칼라작스느즈
예, 얼마나 숙박하실 건가요?

A: Bu cumadan pazar gününe kadar.
부 주마단 파자르 귀뉘네 카다르
이번 주 금요일부터 일요일까지요.

B: Tamam, kaç kişisiniz?
타맘 카츠 키시씨니즈
예, 몇 분이십니까?

A: Toplam dört kişiyiz. İki tane çift kişilik oda
rezervasyonu mümkün mü acaba?
토플람 되르트 키시이즈 이키 타네 치프트 키실릭 오다 레제르바씨요누 뮘퀸
뮈 아자바
네 명인데요. 트윈룸으로 두 개 예약 가능할까요?

B: Tamam olur.
타맘 올루르
네, 가능합니다.

Okul 오쿨 학교

❶ **sınıf** 스느프 교실

❷ **öğretmen** 외레트멘 교사

❸ **öğrenci** 외렌지 학생

❹ **masa** 마사 책상

❺ **sandalye** 산달리예 의자

❻ **ders kitabı** 데르스 키타브 교과서

❼ **kalem** 칼렘 연필

❽ **kalemlik** 칼렘릭 필통

❾ **silgi** 씰기 지우개

❿ **renkli kalem** 렝클리 칼렘 색연필

⑪ cetvel 젯벨 자

⑫ dünya küresi 뒨야 퀴레씨 지구본

⑬ pano 파노 게시판

관련 단어

□ **kreş** 크레쉬 / **yuva** 유와 유아원

□ **anaokulu** 아나 오쿨루 유치원

□ **ilk okul** 일크 오쿨 초등학교

□ **orta okul** 오르타 오쿨 중학교

□ **lise** 리세 고등학교

□ **üniversite** 위니베르씨테 대학교

□ **ilkokul öğrencisi** 일크오쿨 외렌지씨 초등학생

□ **ortaokul öğrencisi** 오르타오쿨 외렌지씨 중학생

□ **lise öğrencisi** 리쎄 외렌지씨 고등학생

□ **üniversite öğrencisi** 위니베르씨테 외렌지씨 대학생

□ **yurt** 유르트 기숙사

□ **kütüphane** 퀴튀파네 도서관

□ **salon** 살론 / **amfi** 암피 강당

□ **okul bahçesi** 오쿨 바흐체씨 운동장

□ **spor salonu** 스포르 살로누 체육관

□ **koridor** 코리도르 복도

□ **tuvalet** 투왈렛 / **lavabo** 라바보 화장실

129

□ **sınav** 스나브 시험

□ **sınav dönemi** 스나브 되네미 시험 기간

□ **ödev** 외데브 숙제

□ **çalışma** 찰르쉬마 공부

□ **eğitim** 에이팀 교육

□ **okula gitmek** 오쿨라 기트멕 등교하다

□ **okuldan çıkmak** 오쿨단 츠크막 하교하다

□ **sınıf arkadaşı** 스느프 아르카다쉬 급우, 반 친구

Unit 13

Dersler 데르스레르 **과목**

□ **tarih** 타리히 역사

O, zaten tarih kitabındaki adam.
오 자텐 타리히 키타븐다키 아담
그는 이미 역사 교과서에나 나오는 인물이잖아요.

□ **müzik** 뮈직 음악

□ **İngilizce** 잉길리즈제 영어

□ **kimya** 킴야 화학

□ **fen bilgisi** 펜 빌기씨 과학

Bugünkü fen bilgisi dersimizin konusu
bitki gövdesinin incelenmesidir.
부귄퀴 펜 빌기씨 데르씨미진 코누수 빗키 괴브데씨닌
인젤렌메씨디르
오늘 과학 수업은 식물 줄기 관찰입니다.

☐ resim 레씸 미술

☐ beden eğitimi

베덴 에이티미 **체육**

관련 단어

☐ **biyoloji** 비욜로지 생물

☐ **matematik** 마테마틱 수학

☐ **felsefe** 펠세페 **철학**

☐ **anadil** 아나딜 국어

☐ **Türk Dili** 튀르크 딜리 / **Türkçe** 튀륵체 터키어

☐ **sosyoloji** 소씨욜로지 사회

☐ **coğrafya** 조으라피야 지리

☐ **kompozisyon** 콤포지씨욘 작문

☐ **ahlak bilgisi** 아흘락 빌기씨 도덕

☐ **dünya tarihi** 된야 타리히 세계사

☐ **ekonomi** 에코노미 경제, 경제학

□ **psikoloji** 피씨콜로지 심리, 심리학

□ **fizik** 피직 물리, 물리학

A: Jinsu bugün dünya tarihi sınavından yüz almış.
진수 부귄 뒨야 타리히 스나븐단 유즈 알므쉬
진수는 오늘 세계사 시험 백점 맞았대.

B: Öyle mi? Peki sen kaç aldın?
외일레 미 페키 센 카츠 알든
그래? 넌 몇 점인데?

A: Söylemekten utanıyorum. Sorma ya.
Yarınki matematik sınavında bari iyi yapsam.
쐬일레멕텐 우타느요룸 소르마 야 야른키 마테마틱 스나븐다 바리 이이 얍삼
말하기 창피하다. 묻지 마. 내일 수학 시험이나 잘 보면 좋겠다.

Emniyet 엠니옛 경찰서

□ tabanca 타반자
권총

□ polis 폴리스 경찰

□ saldırı 살드르 폭행

□ mağdur 마두르 /
kurban 쿠르반 피해자

□ kanıt 카느 증거

O, kanıt yetersizliğinden dolayı
hapisten çıktı.
오 카느 예테르씨즈리인덴 돌라이으 하피스텐 측트
그는 증거 불충분으로 풀려났다.

□ hırsız 흐르스즈 도둑

Hırsız, duvarı aşacakken
yakalandı.
흐르스즈 두와르 아샤작켄 야칼란드
그 도둑은 담을 넘으려다가 잡혔다.

□ tutukluluk 투투크루룩 체포

Çocuk kaçıran şüpheli, bir
günde tutuklandı.
초죽 카츠란 슈펠리 비르 귄데 투투크란드
유괴 사건의 범인은 하루 만에 체포되었다.

1 인간

2 가정

3 수

4 도시

5 교통

6 업무

7 경제 · 사회

8 쇼핑

9 스포츠 · 취미

10 지역

관련 단어

- □ polis karakolu 폴리스 카라콜루 **파출소**
- □ dedektif 데덱티프 형사
- □ kelepçe 케렙체 수갑
- □ tanık 타늑 목격자
- □ gerekçe 게렉체 / mazeret 마제렛 이유, 핑계, 알리바이
- □ suçlu 수출루 범인
- □ suç 수츠 범죄
- □ cinayet işlemek 지나옛 이시레멕 살인하다
- □ hırsızlık yapmak 흐르스즈륵 야프막 / çalmak 찰막 훔치다
- □ yan kesici 얀 케씨지 소매치기
- □ hırsız 흐르스즈 도둑
- □ küçük çaplı soygun yapan hırsız

  퀴췩 찹르 소이군 야판 흐르스즈 좀도둑

- □ soyguncu 소이군주 강도
- □ kaçırma 카츠르마 유괴
- □ hilekârlık 힐레캬를륵 / dolandırıcılık 돌란드르즈륵 사기
- □ rüşvet 뤼쉬벳 뇌물

Dinler 딘레르 종교

□ **Budizm** 부디즘 불교
□ **Budist** 부디스트 불교 신자

□ **Tapınak** 타프낙 절

□ **Katoliklik** 카톨릭릭 천주교
□ **Katolik** 카톨릭 천주교 신자

O, dindar bir Katoliktir.
오 딘다르 비르 카톨릭티르
그 사람 아주 독실한 천주교 신자야.

□ **Hristiyanlık** 흐리스티얀륵 기독교
□ **Hristiyan** 흐리스티얀 기독교 신자

□ **kilise** 킬리세 교회
□ **Katolik kilisesi**
카톨릭 킬리세씨 성당

□ **İslam** 이슬람 이슬람교
□ **Müslüman** 무슬뤼만 무슬림
□ **Camii** 자미 사원

1 인간
2 가정
3 수
4 도시
5 교통
6 업무
7 경제·사회
8 쇼핑
9 스포츠·취미
10 자연

관련 단어

- □ **tanrı** 탄르 신
- □ **İsa** 이사 예수
- □ **Buda** 부다 부처
- □ **cennet** 젠넷 천국
- □ **cehennem** 제헨넴 지옥
- □ **İncil** 인질 성경
- □ **Sutra** 수트라 불경
- □ **Kur'an** 쿠란 코란
- □ **buda heykeli** 부다 헤이켈리 불상
- □ **ibadet** 이바뎃 예배, 숭배
- □ **dua etmek** 두아 에트멕 기도하다
- □ **ayin** 아인 미사
- □ **namaz** 나마즈 (이슬람교의) 예배, 기도
- □ **namaz kılmak** 나마즈 클막 (이슬람에서) 기도드리다
- □ **haç işareti** 하츠 이샤레티 십자가
- □ **ilahi** 일라히 찬송가
- □ **imam** 이맘 이맘 (이슬람 성직자, 지도자)
- □ **rahip** 라힙 목사
- □ **papaz** 파파즈 신부
- □ **rahibe** 라히베 수녀
- □ **keşiş** 케시쉬 승려
- □ **Hinduizm** 힌두이즘 힌두교
- □ **Yahudilik** 야후디릭 유대교

1 다음 그림과 단어를 연결해 보세요.

·   ·   ·   ·

·   ·   ·   ·

okul   sinema   hastane   kütüphane

2 다음 단어의 뜻을 써보세요.

a) mektup _____   posta pulu _____

    postacı _____   koli _____

b) doktor _____   hemşire _____

    hasta _____   eczacı _____

c) hap _____   merhem _____

    enflüanza _____   grip _____

    yara _____   kabarcık _____

3 다음 보기에서 단어를 골라 빈칸에 써넣어 보세요.

> a) para biriktirme   kağıt para   şifre
>
> b) donut   sosisli sandviç   hamburger   tepsi

a) 지폐 _____   저금 _____

    비밀 번호 _____

b) 핫도그 _____   도넛 _____

    햄버거 _____   쟁반 _____

4 다음 그림과 단어를 연결해 보세요.

·   ·   ·   ·   ·

·   ·   ·   ·   ·

salata   biftek   çorba   makarna   kebap

5 다음 단어를 터키어 혹은 우리말로 고쳐 보세요.

a) 맥주 _____   칵테일 _____

    şarap _____   건배 _____

b) 로비 _____   방을 예약하다 _____

    uyandırma servisi _____   팁 _____

6 다음 보기에서 단어를 골라 빈칸에 써넣어 보세요.

> a) cetvel   sınıf arkadaşı   sandalye   silgi   ders kitabı
>
> b) fen bilgisi   biyoloji   matematik   müzik   tarih

a) 급우 _____   자 _____   지우개 _____

    의자 _____   교과서 _____

b) 역사 _____ 과학 _____ 수학 _____

생물 _____ 음악 _____

7 다음 빈칸에 알맞은 터키어를 써넣어 보세요.

a) 열이 있습니까? _____in var mı?

b) (예금) 계좌를 만들고 싶어요. _____ açtırmak istiyorum.

c) 내가 주문할게. (식당에서) Ben _____ vereyim (____'da).

d) 내가 가장 좋아하는 과목은 체육입니다.

Benim en sevdiğim _____dir.

---

 1 영화관 – sinema   병원 – hastane   학교 – okul   도서관 – kütüphane

2 a) 편지   우표   집배원   소포
b) 의사   간호사   환자   약사
c) 알약   연고   독감   감기   상처   물집

3 a) kağıt para   para biriktirme   şifre
b) sosisli sandviç   donut   hamburger   tepsi

4 수프 – çorba   샐러드 – salata   케밥 – kebap
스테이크 – biftek   스파게티 – makarna

5 a) bira   kokteyl   와인   şerefe
b) lobi   oda rezervasyon yaptırmak   모닝콜 서비스   bahşiş

6 a) sınıf arkadaşı   cetvel   silgi   sandalye   ders kitabı
b) tarih   fen bilgisi   matematik   biyoloji   müzik

7 a) ateş
b) (mevduat) hesabı
c) siparişi (lokanta)
d) beden eğitimi

Theme 5

→ **Ulaşım** 울라쉼 **교통**

1 인간
2 가정
3 수
4 도시
5 교통
6 업무
7 쇼핑
8 스포츠·레저
9 자연

Taşıt ve Ulaşım Araçları

타쉿 베 울라쉼 아라츠라르 **탈것, 교통수단**

□ **tren** 트렌 기차, 열차

□ **metro** 메트로 지하철

Karayolu trafiği çok sıkışık olduğu için metroya binip gidelim.
카라욜루 트라피이 촉 스크쉭 올두우 이친 메트로야 비닙 기델림
길이 막히니 지하철 타고 가자.

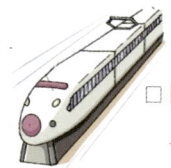

□ **hızlı tren**

흐즐르 트렌 **고속 열차**

□ **otobüs** 오토뷔스 버스

□ **ekspres otobüs**

엑스프레스 오토뷔스
고속버스

□ **dolmuş**

돌무쉬 미니버스

□ **kamyon** 캄욘 트럭

Yükümüz çok olduğu için kamyon gerekecektir.
유퀴뮈즈 촉 올두우 이친 캄욘 게레케젝티르
짐이 너무 많아서 트럭이 있어야 할 거 같아.

□ **taksi**

택시 택시

□ **araba** 아라바/
otomobil 오토모빌 자동차

142

1 인간

2 가정

3 수

4 도시

5 교통

6 인물

7 경제 · 사회

8 쇼핑

9 스포츠 · 취미

10 자연

☐ **üstü açık araba**

위스튀 아측 아라바 **오픈카**

Vay vay! Şu üstü açık araba harikaymış!
와이 와이 슈 위스튀 아측 아라바 하리카이므쉬
야! 저 오픈카 멋지다.

☐ **motosiklet**

모토씨클렛 **오토바이**

☐ **skuter** 스쿠터 **스쿠터**

Bu daha önce abimin bindiği skuter.
부 다하 왼제 아비민 빈디이 스쿠터
이 스쿠터는 형이 타던 것이다.

☐ **bisiklet** 비씨클렛 **자전거**

Evin önüne bıraktığım
bisikletim kayboldu.
에빈 외뉘네 브락트음 비씨클레팀 카이볼두
집 앞에 세워둔 자전거가 없어졌다.

☐ **uçak** 우착 **비행기**

☐ **hafif uçak**

하피프 우착 **경비행기**

☐ **helikopter**

헬리콥테르 **헬리콥터**

☐ **gemi** 게미 **배**

Bu gemi Bursa'ya gider.
부 게미 부르사야 기데르
이 배는 부르사로 갑니다.

☐ **yat** 얏 **요트**

☐ **balon** 발론 **열기구**

Unit 02

Bisiklet 비씨클렛 **자전거**

❶ **direksiyon** 디렉씨욘 / **gidon** 기돈 핸들

❷ **fren kolu** 프렌 콜루 브레이크 레버

❸ **sele** 셀레 안장

❹ **kadro** 카드로 프레임

❺ **jant teli** 쟌트 텔리 / **ispit** 이스핏 바퀴살

❻ **lastik** 라스틱 타이어

1 인간

2 가정

3 수

4 도시

5 교통

6 업무

7 경제·사회

8 쇼핑

9 스포츠·취미

10 자연

❼ **zincir** 진지르 체인

❽ **pedal** 페달 페달

❾ **tekerlek takımı** 테케를렉 타크므 바퀴축

❿ **dişli** 디실리 기어(톱니바퀴)

⓫ **jant** 쟌트 바퀴테(금속 부분)

관련 단어

☐ **tekerlek** 테케를렉 바퀴

☐ **lastik** 라스틱 튜브

☐ **dağ bisikleti** 다 비씨클레티 산악용 자전거, MTB

☐ **bisiklet yolu** 비씨클렛 욜루 자전거 전용 도로

dialog

A: Bisikletimin lastiği patlamış. Hemen havası indi.
비씨클레티민 라스티이 파틀라므쉬 헤멘 하바스 인디
내 자전거 타이어가 펑크났나 봐. 금세 바람이 빠지네.

B: O zaman tamirciye gitmen gerekecek.
오 자만 타미르지예 기트멘 게레케젝
그럼, 수리점에 가 봐야겠다.

Motosiklet 모토씨클렛 **오토바이**

❶ **direksiyon** 디렉씨욘 / **gidon** 기돈 핸들

❷ **(motosiklet) ayna(sı)** (모토씨클렛) 아이나(스) 백미러

❸ **yakıt deposu** 야큿 데포수 연료 탱크

❹ **sele** 셀레 안장

❺ **ön far** 왼 파르 헤드라이트

❻ **stop lambası** 스톱 람바스 브레이크등

　 arka lamba 아르카 람바 미등

sis farı 씨스 파르 안개등

❼ (motosiklet) egzos borusu (모토씨클렛) 에그조즈 보루수 배기관

❽ pedal 페달 페달

❾ motor 모토르 엔진

❿ lastik 라스틱 타이어

⓫ fren 프렌 브레이크

⓬ motosiklet çamurluğu 모토씨클렛 차무르루우 흙받이

⓭ arka sele 아르카 셀레 뒷안장

⓮ amortisör 아모르티쐬르 완충 장치

관련 단어

☐ kask 카스크 헬멧

☐ taşıt kontrol cihazları 타슷 콘트롤 지하즈라르 제어 장치

dialog

A: Maşallah! Çok güzel. Motosikletini yeni mi aldın?
마샬라 촉 귀젤 모토씨클레티니 예니 미 알든
야, 멋지다. 이 오토바이 새로 산 거야?

B: Evet. Daha dün aldım.
에벳 다하 된 알듬
응. 바로 어제 샀어.

A: Bir kerecik binebilir miyim?
비르 케레직 비네빌리르 미이임
나 한번 타 보면 안 될까?

1 인간

2 가정

3 수

4 도시

5 교통

6 업무

7 경제 · 사회

8 쇼핑

9 스포츠 · 취미

10 자연

Araba 아라바 **자동차**

❶ **ön far** 왼 파르 헤드라이트

❷ **sinyal(sağ-sol) lambası** 씬얄 (사−솔) 람바스 방향등

❸ **stop lambası** 스톱 람바스 브레이크등 /

   arka lamba 아르카 람바 미등

❹ **lastik** 라스틱 타이어

❺ **yan ayna** 얀 아이나 사이드미러

❻ **kaput** 카풋 보닛

❼ **ön cam** 왼 잠 앞유리

❽ **silecek** 씰레젝 와이퍼

❾ **plaka** 플라카 번호판

❿ **bagaj** 바가쥐 트렁크

① dikiz aynası 디키즈 아이나스 (차내) 백미러

② direksiyon 디렉씨욘 핸들, 운전대

③ araba kornası 아라바 코르나스 경적, 클랙슨

④ vites 비테스 기어, 변속 손잡이

⑤ el freni 엘 프레니 사이드브레이크

⑥ fren 프렌 브레이크

⑦ gaz pedalı 가즈 페달르 가속 페달

⑧ gösterge paneli 괴스테르게 파넬리 계기판

⑨ benzin göstergesi 벤진 괴스테르게씨 연료 표시등

1 인간
2 가정
3 수
4 도시
5 교통
6 업무
7 경제·사회
8 쇼핑
9 스포츠·취미
10 자연

관련 단어

- tehlike ışığı 테흘리케 으쉬으 /
  uyarı ışığı 우야르 으쉬으 비상등
- akü 아퀴 배터리
- hava yastığı 하바 야스트으 /
  yardımcı koruma sistemi 야르듬즈 코루마 씨스테미 에어백
- emniyet kemeri 엠니엣 케메리 안전벨트
- lastik patlaması 라스틱 파틀라마스 타이어 펑크
- patlamak 파틀라막 터지다
- motor yağı 모토르 야으 엔진 오일
- oto tamir 오토 타미르 자동차 수리 센터
- park ihlali 파르크 이흘랄리 주차 위반
- trafik ceza makbuzu 트라픽 제자 막부주 위반 통고장
- çekici 체키지 견인차
- akaryakıt istasyonu 아카르야큿 이스타씨요누 주유소
- gazolin 가졸린 / benzin 벤진 휘발유
- dizel 디젤 경유
- oto yıkama 오토 이으카마 세차
- ehliyet 에힐리엣 면허증

터키 문화 엿보기 | 교통 수단 - 전국을 누비는 터키의 고속버스

터키의 대중교통으로는 지하철, 트램, 미니버스(돌무쉬), 시내버스, 고속/시외버스, 기차 등이 있다. 터키에도 고속철이 있지만 대중화되지는 못하였다. 터키인들은 도시 간 이동을 할 때에 일반적으로 기차보다 시외버스/고속버스를 선호하는 편이다. 시설이 쾌적하고 다양한 회사들에 의해 운영된다. 특히, 고속버스는 비교적 정해진 시간에 출/도착하는 편이다. 또한 안내와 서비스를 제공하는 직원이 버스에 같이 탑승하여 물, 커피, 홍차, 탄산음료, 머핀, 과자, 초콜릿 등 간단한 식음료를 제공한다.

일부 도시를 제외하고 보통 주요 지점부터 버스 터미널까지 각 회사들만의 셔틀버스도 운행하고 있어 버스 이용 고객에게 편의를 제공하기 때문에, 승객들은 시내에서 터미널로 버스를 타러 갈 때나 터미널에서 자신이 타고 온 회사의 셔틀버스를 타고 이동할 수 있다.

보통 고속버스로 이스탄불-앙카라 구간은 약 6시간 30분, 이스탄불-이즈미르 노선은 9시간, 이스탄불-카이세리 노선은 11시간 30분, 이스탄불-안탈리야는 12시간이 걸린다.

dialog

A: Arabamı bir kontrol ediniz.
아라바므 비르 콘트롤 에디니즈
차 좀 점검해 주세요.

B: Sorun nedir?
소룬 네디르
어떤 문제가 있나요?

A: Vites değiştirmekte zorlanıyorum. Bir de motoru çalıştırdığımda garip bir ses geliyor.
위테스 데이쉬티르멕테 조르라느요룸 비르 데 모토루 찰르쉬트르드음다 가립 비르 세스 겔리요르
변속이 잘 안 되네요. 또 엔진에서 이상한 소리가 나는 거 같고요.

Yol 욜 **도로**

1. **çift yönlü karayolu** 치프트 욘뤼 카라욜루 /
çift şeritli yol 치프트 셰리틀리 욜 1차선
2. **bölünmüş yol** 뵐륀뮈쉬 욜 /
duble yol 두블레 욜 2차선
3. **üç şeritli yol** 위츠 셰리틀리 욜 3차선
4. **banket** 반켓 갓길

□ **oto korkuluk** 오토 코르쿨룩 /
bariyer 바리예르 가드레일

□ **paralı araç geçişi**
파랄르 아라츠 게치쉬 **톨게이트**

□ **alt geçit** 알트 게칫 **지하도**

□ **üst geçit** 위스트 게칫
고가도로

☐ **tek yön** 텍 윈 일방통행로

☐ **toprak yol** 토프락 욜 /
kaplamasız yol
카플라마스즈 욜 비포장도로

☐ **ara sokak** 아라 소칵 /
patika 파티카 골목

Bu ara sokaktan dönersek bizim ev
karşımıza çıkacak.
부 아라 소칵탄 되네르섹 비짐 에브 카르쉬므자 츠카작
이 골목으로 들어가면 바로 우리 집이야.

☐ **Kavşak** 카브샥 /
dörtyol 되르트욜 교차로, 사거리

Kavşakta kaza olmuş.
카브샥타 카자 올무쉬
교차로에서 사고가 난 것 같다.

☐ **yaya geçidi**
야야 게치디 횡단보도

□ **yaya kaldırımı**

야야 칼드르므 인도, 보도

□ **otobüs durağı**

오토뷔스 두라으 버스 정류소

Saat 2'de otobüs durağında
buluşalım.

사아트 이키데 오토뷔스 두라은다 불루샬름
우리 두 시에 버스 정류소에서 만나.

□ **park yeri** 파르크 예리 /

otopark 오토파르크 주차장

Otopark dolu olduğu için
giremedim.

오토파르크 돌루 올두우 이친 기레메딤
주차장이 꽉 차서 들어갈 수 없었다.

□ **trafik işareti**

트라픽 이샤레티 도로 표지

□ **trafik lambası** 트라픽 람바스 신호등

Bekle biraz. Trafik lambası yandığında
geçmen gerekiyor.

베클레 비라즈 트라픽 람바스 얀드은다 게츠멘 게레키요르
좀 기다려. 신호등이 켜지면 건너야지.

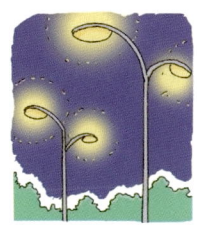

□ **sokak lambası** 소칵 람바스 가로등

Sokak lambaları arızalı olduğundan etraf karanlık.
소칵 람바라르 아르잘르 올두운단 에트라프 카란륵
가로등이 고장나서 주변이 어둡다.

1 인간

2 가정

3 수

4 도시

5 교통

6 업무

7 경제·사회

8 쇼핑

9 스포츠·취미

10 지역

관련 단어

□ **ana yol** 아나 욜 / **ana cadde** 아나 잣데 번화가

□ **cadde** 잣데 큰길

□ **çevre yolu** 체브레 욜루 우회도로

□ **refüj** 레퓌쥐 / **orta kaldırım** 오르타 칼드름 중앙 분리대

□ **araba sürmek** 아라바 쒸르멕 /
　araba kullanmak 아라바 쿨란막 운전하다

□ **sola dönüş** 솔라 되뉘쉬 좌회전

□ **sağa dönüş** 사아 되뉘쉬 우회전

□ **trafik kazası** 트라픽 카자스 교통사고

□ **trafik tıkanıklığı** 트라픽 트카느르으 교통체증

□ **geçiş yasağı** 게치쉬 야사으 통행금지

□ **hız limiti** 흐즈 리미티 제한 속도

□ **tehlike** 테흘리케 위험

□ **yön** 왼 / **taraf** 타라프 방향

Tren 트렌 기차

□ **gar** 가르 기차역

Gar, yolcuyla doluydu.
가르 욜주일라 돌루이두
기차역은 많은 사람들로 꽉 차 있었다.

□ **vagon** 와곤 객실

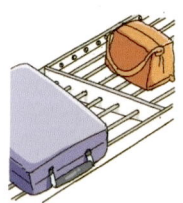

□ **bagaj rafı** 바가쥐 라프
수화물 선반

□ **yer** 예르 / **koltuk** 콜툭 좌석

Mümkünse koltuk cam kenarı olsun.
뮘퀸세 콜툭 잠 케나르 올순
가능하면 창가 쪽 좌석으로 주세요.

□ **yataklı vagon**
야탁르 와곤 침대차

1 인간

2 가정

3 수

4 도시

5 교통

6 업무

7 경제·사회

8 쇼핑

9 스포츠·취미

10 자연

Gar 가르 기차역

□ **bekleme salonu**

베클레메 살로누 **대합실**

Bekleme salonunda yaşlı bir kadın uyukluyor.
베클레메 살로눈다 야쉴르 비르 카든 우유루요르
대합실에서 할머니 한 분이 졸고 계신다.

□ **yol haritası**

욜 하리타스 **노선도**

□ **kondüktör** 콘뒥퇴르
검표원

□ **tren tarifesi**

트렌 타리페씨 **기차 시간표**

□ **tren bileti otomasyonu**
트렌 빌레티 오토마씨요누 **승차권 판매기**

□ **danışma** 다느쉬마
안내소

157

관련 단어

□ **giriş** 기리쉬 입구

□ **demir yolu** 데미르 욜루 철도

□ **ray** 레이 선로

□ **ekspres tren** 엑스프레스 트렌 급행열차

□ **lokanta vagonu** 로칸타 와고누 /

　vagon restoran 와곤 레스토랑 식당차

□ **bilet gişesi** 빌렛 기셰씨 승차권 판매소

□ **yol ücreti** 욜 위즈레티 교통비

□ **tek yön bileti** 텍 욘 빌레티 편도 티켓

□ **gidiş-dönüş bileti** 기디쉬–되뉘쉬 빌레티 왕복 티켓

□ **dönerkapı** 되네르카프 / **turnike** 투르니케 개찰구

□ **tren çalışanı** 트렌 찰르샤느 열차 승무원

□ **istasyon şefi** 이스타씨욘 셰피 역장

□ **kayıp eşya bürosu** 카이읍 에시야 뷔로수 분실물 센터

□ **tuvalet** 투왈렛 화장실

□ **çıkış** 츠크쉬 출구

□ **son istasyon** 손 이스타씨욘 종착역

□ **trene binmek** 트레네 빈멕 열차를 타다

□ **trenden inmek** 트렌덴 인멕 열차에서 내리다

□ **trenle aktarma yapmak** 트렌레 악타르마 야프막
　열차를 갈아타다

1 인간

2 가정

3 수

4 도시

5 교통

6 언론

7 경제·사회

8 소핑

9 스포츠·취미

10 자연

□ **inilecek durağı kaçırmak** 이닐레젝 두라으 카츠르막
내릴 역(정거장)을 놓치다

□ **yer vermek** 예르 베르멕 자리를 양보하다

□ **tutacaktan tutunmak** 투타작탄 투툰막 손잡이를 잡다

□ **boş** 보쉬 비어 있는

□ **kalabalık** 칼라발륵 혼잡한

□ **dopdolu tren** 돕돌루 트렌 /
balık istifi tren 발륵 이스티피 트렌 만원 열차

□ **uyuklamak** 우육라막 졸다

□ **araba tutması** 아라바 투트마스 /
hareket hastalığı 하레켓 하스타르으 차멀미

□ **işe giriş ve çıkış saati** 이셰 기리쉬 베 츠크쉬 사아티 출퇴근 시간

□ **yoğun saat** 요운 사아트 / **kalabalık zaman** 칼라발륵 자만 혼잡시간

□ **ilk tren** 일크 트렌 첫차

□ **son tren** 손 트렌 막차

 dialog

A: **Tren tarifelerine bakalım.**
트렌 타리페레리네 바칼름
우리 기차 시간표 좀 보자.

B: **Ben bir danışmaya gidip sorayım.**
벤 비르 다느쉬마야 기딥 소라이음
그냥 내가 안내소에 가서 물어볼게.

Liman 리만 **항구**

① **çapa** 차파 닻

② **radar** 라다르 레이더

③ **pruva** 프루바 / **geminin ön kısmı** 게미닌 왼 크스므 /

geminin baş kısmı 게미닌 바쉬 크스므 뱃머리

④ **güverte** 귀베르테 갑판

⑤ **kabin** 카빈 선실

⑥ **gemi gövdesi** 게미 괴브데씨 선체

160

1 인간

2 가정

3 수

4 도시

5 교통

6 업무

7 경제·사회

8 쇼핑

9 스포츠·취미

10 자연

7 kıç 크츠 선미

8 kıç güvertesi 크츠 귀베르테씨 /

subay güvertesi 수바이 귀베르테씨 뒷갑판

9 yolcu gemisi 욜주 게미씨 여객선

10 iskele 이스켈레 / rıhtım 르흐틈 부두

11 deniz feneri 데니즈 페네리 등대

12 dalgakıran 달가크란 방파제

13 kargo 카르고 화물

14 deniz 데니즈 바다

☐ gemi 게미 배

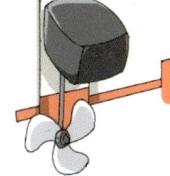

☐ pervane 페르바네 프로펠러

☐ kürek 퀴렉 노

☐ filika 필리카 /

cankurtaran sandalı
잔쿠르타란 산달르 **구명보트**

관련 단어

- □ **çapa** 차파 닻줄
- □ **makine dairesi** 마키네 다이레씨 기관실
- □ **dümen** 뒤멘 키, 방향키
- □ **yolcu gemisi** 욜주 게미씨 유람선
- □ **balıkçı teknesi** 발룩츠 테크네씨 어선
- □ **kargo gemisi** 카르고 게미씨 화물선
- □ **sahil güvenlik** 사힐 귀벤릭 해안 경비대

1 인간

2 가정

3 수

4 도시

5 교통

6 업무

7 경제 · 사회

8 쇼핑

9 스포츠 · 취미

10 자연

🧀 Unit **08**

Uçak 우착 **비행기**

① **kokpit** 콕핏 조종실

② **kabin** 카빈 객실

③ **kanat** 카낫 날개

④ **kuyruk kanadı** 쿠이룩 카나드 꼬리날개

⑤ **uçak motoru** 우착 모토루 비행기 엔진

☐ **tuvalet** 투왈렛 화장실

☐ **boş** 보쉬 비어 있음

☐ **meşgul** 메쉬굴 사용 중

Unit 08 Uçak ▶ ▶ ▶

□ **kaptan pilot** 캅탄 필롯 기장　　□ **hostes** 호스테스 여승무원

관련 단어

□ **acil çıkış** 아질 츠크쉬 비상구

□ **koridor** 코리도르 통로

□ **inmek** 인멕 이륙하다

□ **kalkmak** 칼크막 착륙하다

□ **varış yeri** 바르쉬 예리 목적지

□ **yükseklik** 육섹릭 고도

□ **zaman farkı** 자만 파르크 시차

□ **birinci sınıf** 비린지 스느프 / **first class** 퍼스트클래스 일등석

□ **business class** 비지니스 클래스 비즈니스석

□ **ekonomi sınıfı** 에코노미 스느프 일반석, 이코노미석

1 인간
2 가정
3 수
4 도시
5 교통
6 업무
7 경제·사회
8 쇼핑
9 스포츠·취미
10 자연

Havaalanı 하바알라느 / Havalimanı 하바리마느 공항

□ **yolcu uçağı** 욜주 우차으
여객기

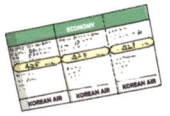

□ **biniş kartı** 비니쉬 카르트
탑승권

□ **pasaport** 파사포르트
여권

Yanına pasaportunu ve biniş
kartını aldın değil mi?
야느나 파사포르투누 베 비니쉬 카르트느
알든 데일 미
너 여권이랑 탑승권 잘 챙겼지?

□ **check-in kontuarı**
체크-인 콘투아르 탑승 수속 카운터

□ **yük arabası**
육 아라바스 카트

□ **kapı** 카프 탑승구
□ **bekleme salonu** 베클레메 살로누
공항 대합실

165

Unit **08** Uçak ▶ ▶ ▶

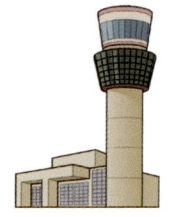

□ kontrol kulesi

콘트롤 쿨레씨 **관제탑**

□ uçak pisti

우착 피스티 **활주로**

□ bagaj taşıyıcı

바가쥐 타셔이으즈 **화물 컨베이어**

관련 단어

□ **el bagajı** 엘 바가즈 기내 휴대 수화물

□ **bagaj bürosu** 바가즈 뷔로수 수화물 취급소

□ **kontrol** 콘트롤 검사

□ **metal dedektör** 메탈 데덱퇴르 금속 탐지기

□ **pasaport kontrolü** 파사포르트 콘트롤뤼 출입국 심사대

□ **gümrük** 귐뤽 / **gümrük müdürlüğü** 귐뤽 뮈뒤르뤼위 세관

□ **karantina** 카란티나 검역

166

1 인간

2 가정

3 수

4 도시

5 교통

6 업무

7 경제 · 사회

8 쇼핑

9 스포츠 · 취미

10 자연

□ **yurtiçi uçuş** 유르트이치 우추쉬 국내선

□ **yurtdışı uçuş** 유르트드쉬 우추쉬 국제선

□ **duty-free mağazası** 듀티 프리 마아자스 면세점

□ **vize** 비제 비자, 사증

□ **uçuş numarası** 우추쉬 누마라스 항공편 번호

□ **geçiş yolu** 게치쉬 욜루 / **koridor** 코리도르 (탑승용) 통로

□ **varmak** 바르막 도착하다

□ **danışma** 다느쉬마 안내

□ **rezervasyon merkezi** 레제르바씨욘 메르케지 예약 카운터

□ **uçuş bilgi ekranı** 우추쉬 빌기 에크라느 비행정보 표시화면

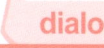

dialog

A: **Afedersiniz, yerimi bulamıyorum da.**
아페데르씨니즈 예리미 불라므요룸 다
실례합니다. 제 좌석을 찾을 수가 없네요.

B: **Biniş kartınıza bakabilir miyim?**
비니쉬 카르트느자 바카빌리르 미이임
탑승권을 보여 주시겠습니까?

A: **Tabii ki, buyurun.**
타비 키 부유룬
물론이지요. 여기 있습니다.

B: **Yeriniz koridor tarafından altıncı koltuk.**
예리니즈 코리도르 타라픈단 알트즈 콜툭
통로 쪽 여섯 번째 좌석입니다.

1 다음 그림을 단어와 연결시키세요.

• • • • •

• • • • •

üstü açık araba   tren   motosiklet   uçak   gemi

2 다음 단어의 뜻을 써보세요.

a) fren kolu _____   zincir _____

     bisiklet _____   sele _____

b) yakıt deposu _____   lastik _____

     arka sele _____   kask _____

c) ehliyet _____   silecek _____

     direksiyon _____   araba kornası _____

d) ara sokak _____   alt geçit _____

     tehlike _____   kavşak _____

     yön _____

3 다음 보기에서 단어를 골라 빈칸에 써넣어 보세요.

a) gar   tren tarifesi   son istasyon   ekspres tren
    yol Ücreti

b) gemi gövdesi   kargo   güverte   iskele   çapa

a) 교통비 _____ 철도 _____ 종착역 _____

기차 시간표 _____ 급행열차 _____

b) 화물 _____ 부두 _____ 선체 _____

갑판 _____ 닻 _____

4 다음 단어의 뜻을 써보세요.

acil çıkış _____ biniş kartı _____

uçak pisti _____ gümrük _____

tuvalet _____ inmek _____

5 다음 빈칸에 알맞은 터키어를 써넣어 보세요.

a) 이 근처에 주차장이 있습니까? Yakınlarda _____ var mı?

b) 면세점에 갈까? _____ gidelim mi?

c) 어디에서 버스를 갈아타야 할까요?

_____ nerede aktarma yapmalıyım?

THEMATIC TURKISH WORDS

Theme 6

→ İş 이쉬 / Görev 괴레브 일, 업무

1 인간
2 가정
3 수
4 도시
5 교통
6 업무
7 경제 · 사회
8 쇼핑
9 스포츠 · 취미
10 자연

Meslekler 메슬렉레르 **직업**

☐ **hostes** 호스테스
스튜어디스, 승무원

☐ **polis** 폴리스
경찰관

☐ **sporcu** 스포르주
운동선수

☐ **aşçı** 아쉬츠 요리사

Aşçılar evlerinde de sık sık
yemek yapar mı acaba?
아쉬츠라르 에브레린데 데 슥 슥 예멕 야
파르 므 아자바
요리사들은 집에서도 요리를 잘 할까요?

☐ **ekmekçi** 에크멕치 /
fırıncı 프른즈 제빵사

☐ **doktor** 톡토르 의사

☐ **hemşire** 헴시레 간호사

□ **öğretmen** 외레트멘 선생님

□ **profesör** 프로페쐬르 교수

Felsefe profesörünün dersi hakikaten çok güzeldi.
펠세페 프로페쐬뤼닌 데르씨 하키카텐 촉 귀젤디
철학 교수의 강의는 정말 좋았다.

□ **avukat** 아우캇 변호사

O avukatın mal varlığı
gerçekten çokmuş.
오 아우카튼 말 바르르으 게르첵텐 촉무쉬
그 변호사는 재산이 무척 많대.

□ **aktör** 악퇴르 (남)

aktris 악트리스 (여)

oyuncu 오윤주 탤런트, 배우

Şu aktör ne zaman TV'ye çıksa
abim çok mutlu olur.
슈 악퇴르 네 자만 탤레비지욘나 측사 아빔 촉
무틀루 올루르
저 탤런트만 나오면 우리 오빠는 너무 좋아해.

□ **şarkıcı** 샤르크즈 가수

O şarkıcının şarkıları gerçekten çok
coşkuludur.
오 샤르크즈는 샤르크라르 게르첵텐 촉 조쉬쿨루두루
저 가수의 노래는 정말 신나.

□ **Ünlü** 윈뤼 유명인사 / **yıldız** 이을드즈 연예인 /

sanatçı 사낫츠 예술가(인)

Ünlülerin özel hayatına neden bu kadar
meraklılar ki?
윈뤼레린 외젤 하야트나 네덴 부 카다르 메라클르라르 키
연예인의 사생활이 왜 그렇게 궁금할까요?

1 인간
2 가정
3 수
4 도시
5 교육
6 업무
7 경제·사회
8 쇼핑
9 스포츠·취미
10 자연

173

□ **film yönetmeni**

필림 요네트메니 **영화감독**

□ **asker** 아스케르

군인

□ **taksi şoförü**

탁씨 쇼퓌뤼 **택시 기사**

□ **postacı**

포스타즈 **우편집배원**

□ **işçi** 이쉬치

샐러리맨

□ **bahçıvan**

바흐츠반 **원예사**

□ **marangoz**

마랑고즈 **목수**

□ **tercüman**

테르쥐만 **통역사**

1 인간
2 가정
3 수
4 도시
5 교통
6 업무
7 경제·사회
8 쇼핑
9 스포츠·취미
10 저녁

□ **çiftçi** 치프트치 농부

Babam çiftçidir.
바밤 치프트치디르
우리 아버지는 농부야.

관련 단어

□ **ev hanımı** 에브 하느므 가정주부

□ **muhasebeci** 무하세베지 회계사

dialog

A: Afedersiniz, sizin mesliğiniz nedir acaba?
아페데르씨니즈 씨진 메슬레이니즈 네디르 아자바
실례지만, 어떤 일을 하세요?

B: Ben bir aşçıyım.
벤 비르 아쉬츠이음
전 요리사입니다.

A: Ah, öyle mi? Genelde hangi yemekleri yapıyorsunuz?
아 외일레 미 게넬데 한기 예멕레리 야프요르수누즈
아, 그러세요? 어떤 음식을 주로 만드세요?

B: Ben İtalyan mutfağı ustasıyım.
벤 이탈리얀 무트파으 우스타스이음
이태리 요리를 전문으로 만들지요.

Ünvan 일반 **직위**

☐ **yönetim kurulu başkanı**
요네팀 쿠룰루 바쉬카느 회장, 이사장

☐ **sekreter** 세크래테르 비서

☐ **patron** 파트론 /
　amir 아미르 상사
☐ **ast eleman** 아스트 엘레만 /
　hizmetli 히즈메틀리 부하

☐ **meslektaş** 메슬렉타쉬 /
　iş arkadaşı 이쉬 아르카다쉬 **동료**

Bu akşam iş arkadaşlarımla toplantı
yemeği var.
부 악샴 이쉬 아르카다쉬라름라 토플란트 예메이 와르
오늘 직장 동료들과 회식이 있다.

☐ **görüşme** 괴뤼쉬메 / **mülakat** 뮐라캇 면접
☐ **muhabir** 무하비르 /
　mülakatı yapan kişi 뮐라카트 야판 키쉬 면접관

1 인간

2 가정

3 수

4 도시

5 교통

6 업무

7 경제·사회

8 쇼핑

9 스포츠·취미

10 지역

관련 단어

☐ genel müdürlük 게넬 뮈뒤르뤽 / merkez 메르케즈 본사

☐ şube 슈베 지사

☐ patron 파트론 / müdür 뮈뒤르 사장

☐ yönetim kurulu başkanı 요네팀 쿠룰루 바쉬카느 /
  icra kurulu başkanı 이즈라 쿠룰루 바쉬카느 대표이사

☐ müdür yardımcısı 뮈뒤르 야르듬즈스 부사장

☐ başkan 바쉬칸 원장

☐ başkan yardımcısı 바쉬칸 야르듬즈스 부원장

☐ genel müdür 게넬 뮈뒤르 /
  yönetici müdür 요네티지 뮈뒤르 전무

☐ yönetici 요네티지 상무

☐ bölüm şefi 뵐륌 셰피 과장

☐ eleman 엘레만 직원

☐ yeni eleman 예니 엘레만 신입 직원

İş 이쉬 / Görev 괴레브 일, 업무

□ **terfi** 테르피 승진

□ **emeklilik** 에멕클리릭 퇴직

□ **iş seyahati** 이쉬 세야하티 /

iş gezisi 이쉬 게지씨 출장

O, Fransa'ya iş amaçlı gidiyor.
오 프란사야 이쉬 아마출르 기디요르
그는 프랑스로 출장을 간다.

□ **toplantı** 토플란트 회의

Toplantı yüzünden öğle
yemeği de yiyemedim.
토플란트 유췬덴 외일레 예메이 데 이예메딤
회의 때문에 점심도 못 먹었다.

□ **tatil** 타틸 휴가

O kadar meşgulüm ki tatil planı
bile yapamıyorum.
오 카다르 메쉬굴룸 키 타틸 플라느 빌레 야파므요룸
바빠서 휴가 계획을 잡을 수 없다.

□ **yıllık emekli maaşı**

이을륵 에멕클리 마아쉬 연금

1 인간

2 가정

3 수

4 도시

5 교통

6 업무

7 경제·사회

8 쇼핑

9 스포츠·취미

10 자연

관련 단어

☐ **maaş** 마아쉬 / **ücret** 위즈렛 임금

☐ **aylık maaş** 아일륵 마아쉬 월급

☐ **maaş günü** 마아쉬 귀뉘 월급날

☐ **ikramiye** 이크라미예 보너스

☐ **pazarlık yapmak** 파자르륵 야프막 협상하다

☐ **mülakat** 뮐라캇 면접 시험

☐ **özgeçmiş** 외즈게츠미쉬 / **CV** 씨뷔 이력서

☐ **işe almak** 이셰 알막 채용하다

☐ **işe alınmak** 이셰 알른막 취직하다

☐ **işe gitmek** 이셰 기트멕 출근하다

☐ **işten çıkmak** 이쉬텐 츠크막 퇴근하다, 일을 그만두다

☐ **işten ayrılmak** 이쉬텐 아이를막 일을 그만두다, 퇴사하다

☐ **çalışma** 찰르쉬마 노동, 근무

☐ **fazla çalışma** 파즐라 찰르쉬마 /
　fazla mesai 파즐라 메사이 초과 근무

☐ **mesai saatleri** 메사이 사아트레리 /
　iş saatleri 이쉬 사아트레리 근무 시간

☐ **daimi süreli iş** 다이미 쒸렐리 이쉬 정규직

☐ **geçici iş** 게치지 이쉬 임시직

☐ **serbest meslek** 세르베스트 메슬렉 자유직

☐ **serbest meslek erbabı** 세르베스트 메슬렉 에르바브
　프리랜서, 자유직 종사자

Ofis 오피스 / Büro 뷔로 사무실

□ **çalışma masası** 찰르쉬마 마사스 /
ofis masası 오피스 마사스 **사무용 책상**

Ofis masası olarak ne tür ürünleri tavsiye
edersiniz?
오피스 마사스 올라락 네 튀르 위륀레리 타브씨예 에데르씨니즈
사무용 책상으로 어떤 제품을 추천해 주시겠습니까?

□ **telefon** 텔레폰
전화기

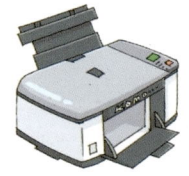

□ **fax** 팍스 **팩시밀리**

□ **fotokopi makinesi**
포토코피 마키네씨 **복사기**

□ **cep telefonu** 젭 텔레포누 **휴대폰**

Ooo, O yeni model bir cep telefonuymuş ha!
오오 오 예니 모델 비르 젭 텔레포누이무쉬 하
와, 그거 정말 최신형 휴대폰이구나!

□ **hesap makinesi**

헤삽 마키네씨 **계산기**

□ **takvim** 탁빔 **달력**

Off, takvimden bir sayfa daha
koparmamız gerekiyor.
오프 탁빔덴 비르 사이파 다하 코파르마므즈 게레키요르
휴, 달력을 또 한 장 넘겨야겠네.

□ **zımba** 즘바 **스테이플러**

Bu belgeleri düzenleyip zımbalayın
sonra da bana getirin lütfen.
부 벨게레리 뒤젠레입 즘발라이은 손라 다 바나 게티린 뤼펜
이 서류들 정리해서 스테이플러로 찍어다 주세요.

□ **ajanda** 아쟌다 **다이어리**

Ben plan defteri (ajanda) pek
kullanmıyorum.
벤 플란 데프테리 (아쟌다) 펙 쿨란므요룸
나는 다이어리를 잘 쓰지 않는다.

□ **çerçeve**

체르체베 **액자**

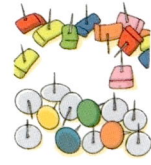

□ **raptiye** 랍티예

압정

1 인간
2 가정
3 수
4 도시
5 교통
6 업무
7 경제·사회
8 쇼핑
9 스포츠·취미
10 자연

관련 단어

- □ **sihirli kalem** 씨히를리 칼렘 매직펜
- □ **fosforlu kalem** 포스포룰루 칼렘 형광펜
- □ **tükenmez kalem** 뛰켄메즈 칼렘 볼펜
- □ **keçeli kalem** 케첼리 칼렘 사인펜
- □ **daksil** 닥씰 수정액
- □ **sıvı düzeltme kalemi** 스브 뒤젤트메 칼레미 수정펜
- □ **not kâğıdı** 놋 캬으드 포스트 잇, 메모 용지
- □ **ataç** 아타츠 클립

dialog

A: Bölümün fotokopi makinesi yine bozuldu.
뵐뤼뮌 포토코피 마키네씨 이네 보줄두
우리 부서 복사기가 또 고장났어.

B: Kaç tane fotokopi çekmen gerekiyor?
카츠 타네 포토코피 체크멘 게레키요르
몇 장을 복사해야 하는데?

A: Kırk tane. Buranınkini kullanabilir miyim acaba?
크르크 타네 부라는키니 쿨라나빌리르 미이임 아자바
40장. 여기 복사기 좀 사용해도 될까?

B: Immm. Olur.
음 올루르
응, 그래.

1 인간

2 가정

3 수

4 도시

5 교통

6 업무

7 경제·사회

8 쇼핑

9 스포츠·취미

10 자연

Unit 05

Bilgisayar 빌기사야르 **컴퓨터**

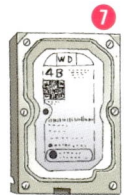

❶ **monitör** 모니퇴르 모니터

❷ **ekran** 에크란 액정

❸ **klavye** 클라비예 **키보드**

❹ **mouse** 마우스 / **fare** 파레 마우스

❺ **ana kart** 아나 카르트 마더보드

❻ **işlemci** 이실렘지 중앙 처리 장치, CPU

❼ **harddisk** 하르드디스크 / **sabit disk** 사빗 디스크 하드디스크

☐ dizüstü bilgisayar
디지위스튀 빌기사야르 **노트북**

masaüstü bilgisayar
마사위스트 빌기사야르 데스크탑

☐ yazıcı
야즈즈 프린터

☐ tarayıcı
타라이으즈 스캐너

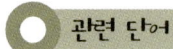

Unit 05 Bilgisayar ▶▶▶

관련 단어

☐ imleç 임레츠 커서

☐ simge 씸게 아이콘

☐ tıklamak 트클라막 클릭하다

☐ çift tıklamak 치프트 트클라막 더블클릭하다

☐ yüklemek 유클레멕 설치하다

☐ yedeklemek 예덱레멕 백업하다

☐ başlatmak 바쉴라트막 부팅하다

☐ yeniden başlatmak 예니덴 바쉴라트막 재부팅하다

☐ kaydet 카이뎃 저장

☐ denetim masası 데네팀 마사스 제어판

☐ yükseltme 육셀트메 / upgrade 업그레이드 업그레이드

☐ bilgisayarı kapatmak 빌기사야르 카파트막 전원을 끄다

İnternet 인테르넷 **인터넷**

□ internet explorer

인테르넷 익스플로르 인터넷 익스플로러

□ ana sayfa

아나 사이파 홈페이지

Şirketimizin ana sayfasında
anlatılmaktadır.
시르케티미진 아나 사이파슨다 안라틀막타드르
저희 회사 홈페이지에 설명되어 있습니다.

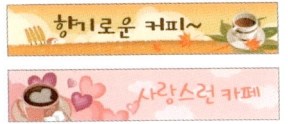

□ ana başlık

아나 바슐륵 배너

□ web sitesi

웹 씨테씨 **웹사이트**

Peki, bir de web sitesinden
araştıralım mı?
페키 비르 데 웹 씨테씬덴 아라쉬트랄름 므
그럼, 웹사이트에서 찾아볼까?

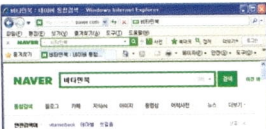

□ bilgi araştırma

빌기 아라쉬트르마 **정보 검색**

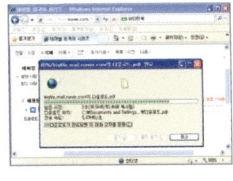

□ indirmek 인디르멕

다운로드하다

Unit 06

1 인간

2 가정

3 수

4 도시

5 교통

6 업무

7 정치·사회

8 쇼핑

9 스포츠·취미

10 자연

185

□ **e-mail** 이메일 이메일

Şimdi e-mail'le gönderiyorum.
심디 이메일레 괸데리요룸
내가 지금 이메일로 보낼게.

□ **gelen kutusu**
겔렌 쿠투수 받은 편지함

□ **giden kutusu**
기덴 쿠투수 보낸 편지함

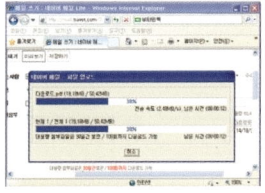

굴림체
견고딕
궁서체
명조체

□ **ek** 엑 첨부

Ekteki dosyaya bakıp tekrar
haber verin lütfen.
엑테키 도씨야야 바큽 테크라르 하베르 베
린 륏펜
첨부 파일을 보시고 다시 연락 주세요.

□ **yazı biçimleri**
야즈 비침레리 글꼴

Bu yazı biçimi çok da
güzel değil.
부 야즈 비치미 촉 다 귀젤 데일
이 글꼴은 좀 예쁘지가 않아.

□ **internet bağımlılığı**
인테르넷 바음르르으 인터넷 중독

□ **internet bağımlısı**
인테르넷 바음르스 인터넷 중독자

1 인간

2 가정

3 수

4 도시

5 교통

6 업무

7 경제·사회

8 쇼핑

9 스포츠·취미

10 지역

관련 단어

□ **çevrim içi** 체비림 이치 온라인

□ **blog** 블로그 블로그

□ **alan** 알란 도메인 (주소)

□ **internet portalı** 인테르넷 포르탈르 인터넷 포털 사이트

□ **yerel alan ağı** 예렐 알란 아으 근거리 통신망, 랜

□ **çerez** 체레즈 쿠키 (인터넷 임시 저장 파일)

□ **internette aramak** 인테르넷테 아라막 인터넷 검색을 하다

□ **sıkça sorulan sorular** 슥차 소룰란 소술라르 자주 묻는 질문 /
   soru & cevap 소루 베 제밥 FAQ

□ **cevap** 제밥 대답 / **yorum** 요룸 댓글

□ **hacker** 해커 /
   bilgisayar korsanı 빌기사야르 코르사느 해커

İletişim 일레티심 **의사소통**

□ konuşmak 코누쉬막

대화하다

□ selamlamak

셀람라막 **인사하다**

□ anlaşmak 안라쉬막

(사상·감정이) 서로 통하다

□ ilan-ı aşk etmek

일라느 아쉭 에트멕 **고백하다**

□ tartışmak

타르트쉬막 **말다툼하다**

□ özür dilemek

외쥐르 딜레멕 **사과하다**

1 인간

2 가정

3 수

4 도시

5 교통

6 업무

7 경제·사회

8 쇼핑

9 스포츠·취미

10 자연

관련 단어

- □ **söyleyiş biçimi** 쐬일레이쉬 비치미 말투, 말씨
- □ **şive** 시베 사투리
- □ **el hareketi** 엘 하레케티 /
  kol hareketi 콜 하레케티 /
  baş hareketi 바쉬 하레케티 제스처
- □ **davranış** 다브라느쉬 태도
- □ **fikir** 피키르 / **düşünce** 뒤쉰제 의견
- □ **konu** 코누 화제, 주제
- □ **çevirmek** 체비르멕 번역하다
- □ **tercüme etmek** 테르쥐메 에트멕 통역하다
- □ **davet** 다벳 초대
- □ **buluşma** 불루쉬마 / **görüşme** 괴뤼쉬메 만남, 모임
- □ **ilişki** 일리쉬키 관계
- □ **tanıştırmak** 타느쉬트르막 소개하다
- □ **katılmak** 카틀막 찬성하다, 동의하다
- □ **kabul etmemek** 카불 에트메멕 /
  karşı çıkmak 카르쉬 츠크막 반대하다

1 다음 단어를 터키어 또는 우리말로 바꾸세요.

•　　　　　•　　　　　•　　　　　•　　　　　•

•　　　　　•　　　　　•　　　　　•　　　　　•

öğretmen　　Aşçı　　şarkıcı　　çiftçi　　oyuncu

2 다음 단어를 터키어 혹은 우리말로 고쳐 보세요.

a) başkan _____　　　sekreter _____

신입사원 _____　　　eleman _____

b) işe gitmek _____　　　월급 _____

보너스 _____　　　çalışma _____

3 다음 보기에서 단어를 골라 빈칸에 써넣어 보세요.

> a) zımba　　tükenmez kalem　　daksil
> hesap makinesi　　fotokopi makinesi
> b) imleç　　tıklamak　　mouse　　monitör　　yüklemek

a) 스테이플러 _____　　수정액 _____　　복사기 _____

계산기 _____　　볼펜 _____

b) 클릭하다 _____　　설치하다 _____　　모니터 _____

마우스 _____　　커서 _____

4 다음 단어를 터키어 혹은 우리말로 고쳐 보세요.

a) 배너 _____ Alan _____

온라인 _____ 홈페이지 _____ 이메일 _____

b) 사투리 _____ davet _____

konuşmak _____ fikir _____

özür dilemek _____

5 다음 빈칸에 알맞은 터키어를 써넣어 보세요.

a) 오늘 구직 면접이 있다.

Bugün iş _____ı var.

b) 내 컴퓨터는 가끔 다운된다.

_____ım bazen donup kalıyor.

c) 이거 한 장만 복사해 줘요.

Bundan bir sayfa _____ebilir misiniz, lütfen.

d) 이메일로 이력서를 보내 주세요.

_____'le _____inizi gönderiniz.

---

1 요리사 – Aşçı 　가수 – şarkıcı 　농부 – çiftçi 　교사 – öğretmen
배우 – oyuncu

2 a) 회장　비서　yeni çalışan　직원
b) 출근하다　maaş　İkramiye　근무

3 a) Zımba　daksil　fotokopi makinesi　Hesap makinesi　Tükenmez kalem
b) Tıklamak　Yüklemek　monitör　mouse　İmleç

4 a) manşet　도메인　çevrim içi　anasayfa　e-mail
b) şive　초대　대화하다　의견　사과하다

5 a) mülakat　b) Bilgisayar　c) fotokopi çek　d) E-mail　özgeçmiş

THEMATIC TURKISH WORDS

Theme 7

→ **Ekonomi** 에코노미 · **Toplum** 토플룸
경제 · 사회

1 인간

2 가정

3 수

4 도시

5 교통

6 업무

7 경제 · 사회

8 쇼핑

9 스포츠 · 취미

10 자연

Ekonomi 에코노미 • İşletme 이실레트메 경제 • 경영

□ **firma** 피르마 /
şirket 시르켓 기업

O firma piyasada durgunluk
yaşandığında bile fazlaca
kazanç elde etti.
오 피르마 피야사단 두르군룩 야샨드은다 빌레
파즐라자 카잔츠 엘데 엣티
그 기업은 불황에도 흑자를 냈다.

□ **hisse senedi**

힛세 세네디 주식

Elimde bulundurduğum hisse
senetlerim yükseldi.
엘림데 불룬두르두움 힛세 세네트레림 육셀디
내가 가지고 있는 주식이 상승했다.

□ **azalma** 아잘마 / **düşüş** 뒤쉬쉬 감소, 쇠퇴

Doğum oranı sürekli azaldığından endişeliyim.
도움 오라느 쉬레클리 아잘드은단 엔디셸리임
출산율이 계속 감소해서 걱정이야.

□ **birden yükselme** 비르덴 육셀메 급등

Döviz fiyatları birden yükseldiği için hisse
senetleri düştü.
되비즈 피야트라르 비르덴 육셀디이 이친 힛세 세네트레리 뒤쉬튀
환율이 급등하여 주가가 떨어졌다.

□ **birden düşmek** 비르덴 뒤쉬멕 /

aniden düşmek 아니덴 뒤쉬멕 급락하다

Petrol fiyatları bugün tekrardan düşüşe geçti.
페트롤 피야트라르 부귄 테크라르단 뒤쉬셰 게츠티
오늘 또 유가가 급락하고 있다.

□ **üretmek** 위레트멕 생산하다

□ **üretici** 위레티지 생산자

Otomobil üreten firma bisiklet de üretiyor.
오토모빌 위레텐 피르마 비시클렛 데 위레티요르
자동차를 생산하는 기업이 자전거도 만든다.

□ **tüketim** 뒤케팀 소비

□ **tüketici** 뒤케티지 소비자

□ **iflas** 이플라스 파산

Piyasada durgunluk yaşandığı için iflasını bildirdi.
피야사다 두루군룩 야샨드으 이친 이플라스느 빌디리디
불황으로 파산을 신청했다.

1 인간
2 가정
3 수
4 도시
5 교통
6 업무
7 경제·사회
8 쇼핑
9 스포츠·취미
10 지역

관련 단어

- □ ücret 위즈렛 가격, 비용
- □ ticaret 티자렛 거래
- □ eğilim 에일림 경향, 트렌드
- □ arz 아르즈 공급
- □ talep 탈렙 수요
- □ satın alma 사튼 알마 구입, 구매
- □ kazanç 카잔츠 수익, 이득
- □ sermaye 세르마예 자본, 자산
- □ sanayi 사나이 산업
- □ ürün 위륀 / mal 말 상품
- □ vergi 베르기 세금
- □ vergilendirme 베르길렌디르메 증세
- □ hesaplı 헤샵르 / ekonomik 에코노믹 경제적인
- □ desteklemek 데스텍레멕 / canlandırmak 잔란드르막
  부양하다, 상승시키다
- □ ödememe 외데메메 / ödenmemiş 외덴메미쉬 미지불
- □ piyasa 피야사 시장
- □ işsizlik 이쉬씨즈릭 실업
- □ işsizlik oranı 이쉬씨즐릭 오라느 실업률

□ **enflasyon** 엔플라씨온 인플레이션

□ **fiyatların yükselmesi** 피야트라른 육셀메씨 /

    enflasyon 엔플라씨온 물가상승

□ **piyasadaki durgunluk** 피야사다키 두루군룩 불황, 불경기

□ **ticaret** 티자렛 통상, 교역

□ **döviz kuru** 되비즈 쿠르 환율

□ **değer kaybı** 데예르 카이브 평가절하

□ **kazanç** 카잔츠 흑자

□ **(hesap ve bütçedeki) açık** (헤삽 베 뷧체데키) 아측

    (계좌, 예산상의) 적자

□ **bağlı kuruluş** 바을르 쿠룰루쉬 /

    tali şirket 탈리 시르켓 자회사

□ **tekel** 테켈 독점

□ **şirketlerin birleşmesi** 시르켓레린 비를레쉬메씨 합병

□ **tazminat** 타즈미낫 손해배상

□ **hisse senedi sahibi** 힛세 세네디 사히비 /

    hisse sahibi 힛세 사히비 주주

□ **beklenti** 베클렌티 / **görünüm** 괴뤼뉨 전망, 예상

□ **endeks** 엔덱스 / **gösterge** 괴스테르게 지표, 지수

□ **muhasebe** 무하세베 회계

1 인간

2 가정

3 수

4 도시

5 교통

6 업무

7 경제·사회

8 쇼핑

9 스포츠·취미

10 자연

Finans 피난스 금융

□ **sürekli kullanılan banka**

쒸레클리 쿨라늘란 방카 **주 거래은행**

Sürekli kullandığım bankadan kredi aldım.
쒸레클리 쿨란드음 방카단 크레디 알듬
내 주 거래은행에서 대출을 받았다.

□ **sahte para**

사흐테 파라 **위조지폐**

Cüzdanda sahte para buldum.
쥐즈단다 사흐테 파라 불둠
지갑에서 위조지폐를 발견했다.

□ **bakiye** 바키예 **잔액, 잔고**

Mevduat hesabımın bakiyesine bakıver.
메브두앗 헤사브믄 바키예씨네 바크베르
내 예금의 잔액을 봐.

□ **para yatırmak**

파라 야트르막 **예금하다**

□ **zengin olmak**

젠긴 올막 **부유해지다**

☐ **cimri** 짐리 구두쇠

O yaşlı adam tam bir para babasıdır.
Fakat cimriliğiyle ünlüdür.
오 야쉴르 아담 탐 비르 파라 바바스드르 파캇 짐리리일레
윈뤼뒤뤼
그 노인은 대단한 자산가이지만 구두쇠로 더 유명해.

☐ **fakir** 파키르 /
yoksul 욕술 무일푼

Ben parasızım.
벤 파라스즘
나는 무일푼이야.

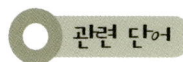
관련 단어

☐ **madeni para** 마데니 파라 동전

☐ **kâğıt para** 캬읏 파라 지폐

☐ **bozuk para** 보죽 파라 푼돈, 잔돈

☐ **nakit** 나킷 현금

☐ **havale** 하발레 / **para gönderme** 파라 괸데르메 송금

☐ **gelir** 겔리르 수입, 소득

☐ **çek** 첵 수표

☐ **karşılıksız çek** 카르쉴륵스즈 첵 부도수표

☐ **borç senedi** 보르츠 세네디 약속 어음

☐ **bütçe** 뷧체 예산

1 인간
2 가정
3 수
4 도시
5 교통
6 업무
7 경제·사회
8 쇼핑
9 스포츠·취미
10 자연

☐ **masraf** 마스라프 경비

☐ **maliye** 말리예 재정

☐ **borç** 보르츠 빚, 부채

☐ **kredi** 크레디 외상, 융자, 신용

☐ **borç senedi** 보르츠 세네디 채무 증서

☐ **fatura** 파투라 청구서

☐ **hesap** 헤삽 계산서

☐ **ödünç vermek** 외뒨츠 베르멕 빌려주다

☐ **geri ödemek** 게리 외데멕 상환하다

☐ **para çekmek** 파라 체크멕 인출하다

☐ **ödeme** 외데메 지불

☐ **ödeme (tarihi) erteleme** 외데메 (타리히) 에르텔레메
지불 (기간) 유예

☐ **israf** 이스라프 낭비

☐ **yatırım yapmak** 야트름 야프막 투자하다

☐ **sahtesini yapmak** 사흐테씨니 야프막 /
taklit etmek 타클릿 에트멕 위조하다

☐ **döviz piyasası** 되비즈 피아사스 외환시장

☐ **para** 파라 화폐, 통화

☐ **para politikası** 파라 폴리티카스 통화정책

☐ **parasal sistem** 파라살 씨스템 화폐제도

Ticaret 티자렛 **무역**

□ **sözleşme** 쐬즐레쉬메 계약

Nihayet beklenen ihracat
sözleşmesi yapıldı.
니하옛 베클레넨 이흐라잣 쐬즐레쉬메씨 야플드
드디어 수출 계약이 성사되었습니다.

□ **gemiye yükleme**

게미예 유클레메 /

sevkiyat 세브키얏 선적

□ **nakliyat** 나클리얏 /

taşıma 타쉬마 **운송**

Parçaları gemiyle gönderirken
özel dikkat gerekiyor.
파르차라르 게미일레 괸데리르켄 외젤 딕캇
게레키요르
배로 부품을 운송할 때는 각별한 주의가 필
요해요.

□ **konteyner** 콘테이너 **컨테이너**

□ **şikâyet** 시캬옛 **클레임**

Ayakkabı sayısının eksikliğinden
şikâyet edildi.
아야카브 사이으스느 엑씩리인덴 시캬옛 에딜디
신발의 수량이 부족해서 클레임이 걸렸다.

1 인간
2 가정
3 수
4 도시
5 교통
6 업무
7 경제·사회
8 쇼핑
9 스포츠·취미
10 지역

□ **hava taşımacılığı** 하바 타쉬마즐르으
항공운송

□ **deniz taşımacılığı** 데니즈 타쉬마즐르으
해상운송

□ **karayolu taşımacılığı** 카라욜루 타쉬마즐르으
육상운송

관련 단어

□ **ticaret** 티자렛 / **pazarlama** 파자르라마 거래

□ **ürün** 위륀 / **mal** 말 상품

□ **fiyat teklifi** 피얏 테클리피 견적

□ **tutar** 투타르 금액

□ **ödeme tarihi** 외데메 타리히 납기

□ **ipotek etmek** 이포텍 에트멕 담보하다

□ **depozito** 데포지토 선금

□ **vekil** 베킬 / **temsilci** 템씰지 대리인

□ **distrübütörlük sözleşmesi** 디스트뤼뷔퇴르뤽 쐬즐레쉬메씨
독점계약

□ **ödemek** 외데멕 결제하다

□ **süresi dolmak** 쒸레씨 돌막 / **vadesi gelmek** 바데씨 겔멕
만기가 되다

□ **belirtmek** 벨리르트멕 명시하다

□ **göndermek** 괸데르멕 발송하다

1 인간

2 가정

3 수

4 도시

5 교통

6 업무

7 경제·사회

8 쇼핑

9 스포츠·취미

10 자연

□ dürüst ticaret 뒤뤼스트 티자렛 /

adil ticaret 아딜 티자렛 공정무역

□ akreditif mektubu 아크레디티프 멕투부 /

itibar mektubu 이티바르 멕투부 신용장

□ hesap pusulası 헤삽 푸술라스 송장

□ gümlük vergisi 귐뢱 베르기씨 관세

□ gümrük vergisi oranı 귐뢱 베르기씨 오라느 관세율

□ gümrük müdürlüğü 귐뢱 뮈뒤르뤼위 세관

□ rıhtım kullanım ücreti 르흐틈 쿨라늠 위즈레티 부두사용료

□ gümrük formaliteleri 귐뢱 포르마리테레리 통관

□ köken 쾨켄 / menşei 멘셰이 원산지

□ dağıtıcı 다으트즈 유통업자

□ geçerlilik tarihi 게체르리릭 타리히 /

yürürlülük tarihi 유뤼르뤼뢱 타리히 유효기일

□ müvekkil 뮈벡킬 의뢰인

□ taşeron 타셰론 하청업자

□ ticari denge 티자리 뎅게 무역수지

□ ticaret engeli 티자렛 엥겔리 /

ticarî ambargo 티자리 암바르고 무역장벽

□ dış ticaret açığı 드쉬 티자렛 아츠으 무역적자

□ dış ticaret fazlalığı 드쉬 티자렛 파즐라르으 무역 흑자

□ serbest ticaret anlaşması

세르베스트 티자렛 안라쉬마스 자유무역협정

- ithalat kısıtlaması 이티할랏 크스틀라마스 수입제한
- ihracat 이흐라잣 수출
- zarar 자라르 손해
- geri ödeme 게리 외데메 상환
- onay 오나이 승인
- pazar fiyatı 파자르 피야트 시가
- kusur 쿠수르 불량
- kusurlu ürün 쿠수를루 위륀 불량품
- devretmek 데브레트멕 /
  vazgeçip teslim etmek 바즈게칩 테슬림 에트멕 양도하다
- sipariş etmek 시파리쉬 에트멕 주문하다
- pazarlık etmek 파자를륵 에트멕 흥정하다
- ödeme aczi 외데메 아즈지 지급불능
- ihtiyacı karşılamak 이흐티야즈 카르쉴라막 충족시키다
- bildirmek 빌디르멕 통지하다
- mal stoğu 말 스토우 재고
- koşul 코슐 조건
- indirim 인디림 할인
- vade 바데 확정일자

Toplum 토플룸 **사회**

1 인간
2 가정
3 수
4 도시
5 교통
6 업무
7 경제·사회
8 쇼핑
9 스포츠·취미
10 자연

☐ **topluluk** 토플루룩 /
halk 할크 군중

Papa, halk tarafından sıcak ve
hoş karşılandı.
파파 할크 타라픈단 스작 베 호쉬 카르쉴란드
수많은 군중이 교황을 열렬히 환영했다.

☐ **birleşme** 비를레쉬메 /
ittifak 잇티팍 집회

☐ **yaşlanma** 야쉴란마 **노령화**

Ükemizin yaşlanma hızı gittikçe artıyor.
윌케미진 야쉴란마 흐즈 깃틱체 아르트요르
우리나라의 노령화 속도가 점점 빨라지고 있다.

☐ **çoklu kültür**
촉루 퀼튀르 다문화

☐ **çok kültürlülük**
촉 퀼튀를뤼뤽 다문화주의

□ **yoksulluk** 욕술룩 /
fakirlik 파키르릭 빈곤, 궁핍

□ **kutuplaşma**

쿠툽라쉬마 양극화

□ **istismar** 이스티스마르 /
kötüye kullanma

쾨튀에 쿨란마 학대

□ **şiddet** 싯뎃 폭력

□ **sözlü taciz**

쐬즐뤼 타지즈 언어폭력

Sözlü taciz olayını da polise ihbar
edebilir miyiz?

쐬즐뤼 타지즈 올라이으느 다 폴리세 이흐바르 에데
빌리르 미이즈

언어폭력도 경찰서에 신고해도 되나요?

□ **Irk ayrımcılığı** 으륵 아이름즈르으 /
Irk ayrımı 으륵 아이르므 인종차별

Irk ayrımcılığının en çok yaşandığı
ülke neresidir?

으륵 아이름즈르으는 엔 촉 야샨드으 윌케 네레씨디르

인종차별이 가장 심한 나라는 어디예요?

1 인간

2 가정

3 수

4 도시

5 교통

6 업무

7 경제·사회

8 소비

9 스포츠·취미

10 지역

관련 단어

- otorite 오토리테 / güç 귀츠 권력, 힘
- rekabet 레카벳 경쟁
- cumhuriyet 줌후리옛 공화국
- vatandaş 바탄다쉬 국민
- kültür 퀼튀르 문화
- tahsisat 타흐씨삿 / para yardımı 파라 야르드므 보조금
- kamu hizmeti 카무 히즈메티 공공 서비스, 공공사업
- gönüllü çalışma 괴뉠뤼 찰르쉬마 자원봉사
- doğum oranı 도움 오라느 출생률
- cinsiyet ayrımcılığı 진씨옛 아이름즈르으 성차별
- sosyal eşitsizlik 소씨얄 에싯씨즈릭 사회 불평등
- yoksul tabaka 욕술 타바카 빈곤층
- orta sınıf 오르타 스느프 /
  orta gelirliler tabakası 오르타 겔리를리레르 타바카스 중산층
- usulsüzlük 우술쓔즈뤽 / yolsuzluk 욜수즈룩 부패
- işsizlik 이쉬씨즈릭 실업
- intihar 인티하르 자살
- kimsesiz ölüm 킴세씨즈 욀륌 고독사
- duygusal çalışma 두구살 찰르쉬마 감정노동
- yasadışı konaklama 야사드쉬 코낙라마 불법체류
- yasadışı göç 야사드쉬 괴츠 불법이민
- kaçak göçmenler 카착 괴츠멘레르 불법이민자

207

İş 이쉬 비즈니스

☐ **müşteri** 뮈쉬테리 고객

Sırada bekleyen müşterilerimle
ilgilenmek istiyorum.
스라다 베클레옌 뮈쉬테리레림레 일길렌멕 이스티요룸
줄지어 서 있는 고객들을 대하고 싶다!

☐ **fiyat** 피얏 가격

☐ **fiyat artışı**
피얏 아르트쉬 가격 인상

☐ **para toplama**
파라 토플라마 수금

☐ **şube** 슈베 대리점

Yabancı marka spor ayakkabılarının
satıldığı o mağaza her zaman kalabalık.
야반즈 마르카 스포르 아약카브라르는 사틀드으 오 마아자
헤르 자만 칼라발륵
그 외국 브랜드 운동화 대리점은 항상 사람들로 붐빈다.

☐ **piyasa araştırması** 피야사 아라쉬트르마스

pazar araştırması 파자르 아라쉬트르마스

시장조사

□ **yeni ürün** 예니 위륀 신제품, 신상품

Şirket, yeni ürün geliştirebilmek için var
gücüyle çalışmakta.
시르켓 예니 위륀 겔리쉬티래빌멕 이친 와르 귀쥐일레 찰르쉬막타
우리 회사는 신제품 개발에 사활을 걸고 있다.

관련 단어

□ **müşteri** 뮈쉬테리 거래처

□ **pazarlama** 파자르라마 마케팅

□ **ticari iş** 티자리 이쉬 상거래

□ **sözleşme** 쐬즈레쉬메 계약

□ **sözleşme belgesi** 쐬즈레쉬메 벨게씨 /
　kontrat 콘트랏 계약서

□ **iş alanı** 이쉬 알라느 업종

□ **iş yeri** 이쉬 예리 영업소, 영업장

□ **mesai saatleri** 메사이 사아트레리 /
　çalışma saatleri 찰르쉬마 사아트레리 영업시간

□ **devamlı müşteri** 데밤르 뮈쉬테리 /
　müdavim müşteri 뮈다빔 뮈쉬테리 단골

□ **holding** 홀딩 / **büyük şirket** 뷔윅 시르켓 대기업

1 인간
2 가정
3 수
4 도시
5 교통
6 업무
7 경제·사회
8 쇼핑
9 스포츠·취미
10 자연

☐ orta ölçekli şirket 오르타 욀체클리 시르켓 / kobi 코비 중소기업

☐ tali şirket 탈리 시르켓 자회사

☐ yan şirket 얀 시르켓 계열사

☐ satış 사트쉬 / satış hasılatı 사트쉬 하슬라트 매출

☐ tavsiye edilen perakende satış fiyatı
타브씨예 에딜렌 페라켄데 사트쉬 피야트 권장소비자가격

☐ toptancı fiyatı 톱탄즈 피야트 도매가

☐ perakende fiyatı 페라켄데 피야트 소매가

☐ tüketici grubu 튀케티지 그루부 /

müşteri kitlesi 뮈쉬테리 키틀레씨 소비자층

☐ pazar payı 파자르 파이으 시장 점유율

☐ uluslararası ticaret birliği 울루스라르아라스 티자렛 비를리이
컨소시엄

1 다음 그림을 단어와 연결시키세요.

·   ·   ·   ·

·   ·   ·   ·

tüketme   düşmek   üretmek   firma

2 다음 단어의 뜻을 써보세요.

a) cimri _____   boşa harcama _____

   tahsisat _____   borç _____

b) çek _____   kredi _____

   kredi _____   para çekmek _____

c) para biriktirmek _____   harcama _____

   kağıt para _____   fatura _____

3 다음 보기에서 단어를 골라 빈칸에 써넣어 보세요.

a) vade sonu   gümlük vergisi   gönderme   ticaret
   sözleşme

b) gemiye yükleme   ihracat   kargo   şikayet
   döviz kuru   gümrükten geçme

a) 계약 _____   거래 _____   관세 _____

만기 _____ 발송 _____

b) 선적 _____ 화물 _____ 수출 _____

클레임 _____ 통관 _____ 환율 _____

4 다음 단어의 뜻을 써보세요.

vatandaş _____ yaşlanma _____

çok kültürlü _____ nüfus _____

orta sınıf _____ doğum oranı _____

5 다음 단어를 터키어 혹은 우리말로 고쳐 보세요.

a) 고객 _____ pazarlama _____

매출 _____

b) yeni ürün _____ 컨소시엄 _____

iş _____ 사업 _____

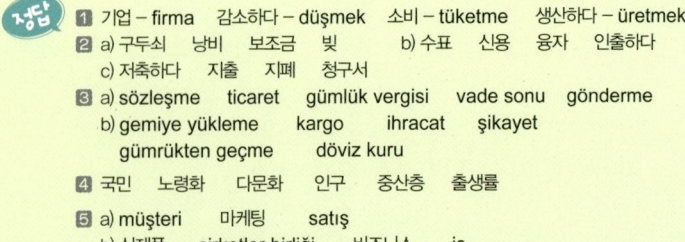

Theme 8

→ **Alışveriş** 알르쉬베리쉬 **쇼핑**

1 인간
2 가정
3 수
4 도시
5 교통
6 업무
7 경제·사회
8 쇼핑
9 스포츠·취미
10 자연

Alışveriş Merkezi 알르쉬베리쉬 메르케지
(AVM 아베메) 백화점

☐ kasa 카사 계산대

☐ kasiyer 카씨예르
계산원

☐ kâğıt para 캬읏 파라 지폐
☐ madeni para 마데니파라 /
bozuk para 보죽 파라 동전

☐ alışveriş arabası
알르쉬 베리쉬 아라바스 쇼핑 카트

Anne, alışveriş arabasını ben
götüreceğim.
안네 알르쉬베리쉬 아라바스느 벤 괴튀레제임
엄마, 쇼핑 카트는 내가 밀고 갈게요.

☐ çalışan 찰르샨 점원

☐ müşteri 뮈쉬테리 고객

1 인간

2 가정

3 수

4 도시

5 교통

6 업무

7 경제·사회

8 쇼핑

9 스포츠·취미

10 자연

관련 단어

- reyon 레욘 코너, 전문 판매대
- barkod 바르코드 바코드
- fiyat etiketi 피얏 에티케티 가격표
- çek 첵 수표
- para üstü 파라 위쉬튀 잔돈
- nakit 나킷 현금
- peşin 페신 일시불
- vitrin gezme 비트린 게즈메 /
  vitrinlere bakma 비트린레레 바크마 윈도쇼핑
- marka 마르카 브랜드, 상표
- hediye 헤디에 선물
- paketlemek 파케틀레멕 포장하다
- indirim 인디림 바겐세일
- indirimli ürün 인디림리 위륀 특가 상품
- iade etmek 이아데 에트멕 반품하다

dialog

A: AVM'de büyük indirim varmış. Birlikte gidelim mi?
아베메데 뷔윽 인디림 와르므쉬 비를릭테 기델림 미
백화점에서 바겐 세일한다는데, 쇼핑 가지 않을래?

B: Olur. Benim de anneme hediye almam gerekiyordu.
올루르 베님 데 안네메 헤디에 알맘 게레키요르두
그래. 마침 난 엄마 선물도 사야 해.

A: Tamam o zaman. Saat 2'de çıkalım.
타맘 오자만 사아트 이키데 츠칼름
잘됐네. 두 시쯤 나가자.

□ **erkek giyim**

에르켁 기임 **남성복**

□ **bayan giyim**

바얀 기임 **여성복**

□ **karışık mallar**

카르쉭 말라르 **잡화**

□ **kozmetik** 코즈메틱 **화장품**

Bu kozmetik ürününün yağ oranı yüksek gibi görünüyor.

부 코즈메틱 위뤼뉘뇐 야 오라느 육섹 기비 피뤼뉘요르

이 화장품은 유분이 많은 것 같네요.

□ **oyuncak** 오윤작 **장난감**

5 yaşındaki erkek çocuğuna nasıl bir oyuncak uygun olur?

베쉬 야쉰다키 에르켁 초주우나 나슬 비르 오윤작 우이군 올루르

다섯 살짜리 사내아이에게 어떤 장난감이 좋을까요?

□ **mutfak eşyaları** 무트팍 에쉬야라르 /
mutfak gereçleri 무트팍 게레츠레리
주방용품

Mutfak eşyası çeşitleri ne kadar da
çokmuş.
무트팍 에시야스 체싯레리 네 카다르 다 족무쉬
주방용품 종류가 어쩌면 이렇게도 많으냐?

□ **elektrikli ev aletleri**
엘렉트릭리 에브 알렛레리
가전제품

□ **mücevher**

뮈젭헤르 보석

□ **mobilya** 모빌리야 가구

Gelmişken mobilyalara bakıp
gidelim bari.
겔미쉬켄 모빌리야라라 바큽 기델림 바리
우리 이왕 왔으니 가구도 구경하고 가자.

□ **gıda** 그다 식품

Gıda reyonuna gidip yemeklik
birşeyler alayım.
그다 레요누나 기딥 예멕릭 비르셰이레르 알라이음
식품 코너에 가서 반찬거리 좀 사야겠어.

□ **kırtasiye**
크르타씨에 문방구

1 인간
2 가정
3 수
4 도시
5 교통
6 업무
7 경제·사회
8 쇼핑
9 스포츠·취미
10 자연

217

Gıdalar 그다라르 **식품**

 □ **ekmek** 에크멕 **빵**

 □ **pirinç** 피린츠 **쌀**

 □ **yumurta**
유무르타 **계란**

 □ **süt** 쉿 **우유**

 □ **konserve**
콘세르베 **통조림**

 □ **dondurma**
돈두르마 **아이스크림**

 □ **sebze** 세브제
채소

 □ **meyve** 메이베
과일

 □ **gazlı içecek**
가즐르 이체젝 **탄산음료**

 □ **meyve suyu** 메이베 수유 **주스**

Soğuk bir limonata içmek istiyorum.
소욱 비르 리모나타 이츠멕 이스티요룸
시원한 레몬 주스 마시고 싶다.

□ **tuz** 투즈 소금 □ **şeker** 세케르 설탕 □ **ketçap** 켓찹
토마토케첩

관련 단어

□ **dondurulmuş yiyecekler** 돈두룰무쉬 이예젝레르 냉동식품

□ **sıvı yağ** 스브 야 식용유

□ **un** 운 밀가루

□ **harç** 하르츠 조미료

□ **hardal sosu** 하르달 소수 <u>겨자 소스</u>

□ **soya sosu** 소야 소수 간장

□ **sirke** 시르케 <u>식초</u>

□ **bisküvi** 비스퀴위 비스킷 /

   kurabiye ve kraker 쿠라비예 베 크라케르 과자와 크래커(류)

□ **içecek** 이체젝 음료수

□ **sporcu içeceği** 스포르주 이체제이 <u>스포츠 드링크</u>

1 인간

2 가정

3 수

4 도시

5 교통

6 업무

7 경제·사회

8 쇼핑

9 스포츠·취미

10 자연

Erkek Giyim 에르켁 기임 **남성복**

☐ **üst giyim** 위스트 기임 상의, 윗도리

Sıcak geldiyse üstünü çıkarabilirsin.
스작 겔디이세 위스튀뉘 츠카라빌리르씬
더우면 상의는 벗어도 돼.

☐ **ceket** 제켓
점퍼, 재킷

☐ **tişört** 티쇼르트 티셔츠

Bu tişörtün rengi çok güzelmiş.
부 티쇼르튄 랭기 촉 귀젤미쉬
이 티셔츠 색깔이 참 멋있다.

☐ **kazak** 카작 /
triko 트리코 스웨터

☐ **pantolon** 판톨론 바지

☐ **şort** 쇼르트 반바지

☐ **kot pantolon**
콧 판톨론 **청바지**

220

□ **polo yaka tişört**

폴로 야카 티쇼르트 **폴로셔츠**

□ **gömlek** 굄렉

와이셔츠

□ **takım elbise**

타큼 엘비세 **정장**

□ **resmi kıyafet**

레스미 크야펫 **예복**

□ **geleneksel erkek giysi**

겔레넥셀 에르켁 기이씨 **남자 전통의상**

□ **eşofman**

에쇼프만 **운동복**

□ **iç çamaşırı**

이츠 차마쉬르 **속옷, 팬티**

□ **baksır** 박스르

남성용 사각팬티

1 인간

2 가정

3 수

4 도시

5 교통

6 업무

7 경제·사회

8 쇼핑

9 스포츠·취미

10 자연

관련 단어

- □ yelek 옐렉 조끼
- □ sıradan kıyafet 스라단 크야펫 /
  günlük kıyafet 권뤽 크야펫 평상복
- □ yağmurluk 야무르룩 비옷
- □ iş elbisesi 이쉬 엘비세씨 / tulum 툴룸 멜빵바지
- □ kayak giysisi 카약 기이씨씨 스키복
- □ mayo 마요 수영복
- □ mayo altı 마요 알트 수영 팬티
- □ deneme kabini 데네메 카비니 /
  soyunma odası 소윤마 오다스 피팅룸
- □ dar olmak 다르 올막 타이트하다
- □ geniş olmak 게니쉬 올막 헐렁하다
- □ bisiklet yaka 비씨클렛 야카 라운드 넥
- □ v yaka 베 야카 브이넥
- □ yaka 야카 옷깃
- □ düğme 뒤메 단추
- □ kol 콜 / manşet 만셋 소매
- □ cep 젭 주머니
- □ astar 아스타르 안감

Bayan Giyim 바얀 기임 **여성복**

1 인간

2 가정

3 수

4 도시

5 교통

6 업무

7 경제·사회

8 쇼핑

9 스포츠·취미

10 자연

☐ **bluz** 블루즈
블라우스

☐ **etek** 에텍 **치마, 스커트**

Eteğinin boyu çok kısa görünüyor.
에테이닌 보유 축 크사 괴뤼뉘요르
너 스커트 길이가 너무 짧은 거 같다.

☐ **elbise** 엘비세
원피스

☐ **abiye** 아비예
야회복

☐ **geleneksel kadın giysi**
겔레넥셀 카든 기이씨 **여자 전통의상**

☐ **külotlu çorap**
퀼로틀루 초랍 팬티스타킹

☐ **kadın iç çamaşırı**
카든 이치 차마쉬르 /

kadın külot
카든 퀼롯 (여성용) 삼각팬티

☐ **sütyen** 쒸트옌
브래지어

223

관련 단어

- ☐ slip 슬립 / etek astarı 에텍 아스타르 속치마
- ☐ gecelik 게젤릭 잠옷, 네글리제
- ☐ korse 코르세 코르셋, 거들
- ☐ çorap 초랍 스타킹 (보통 양말이란 뜻과 혼용하여 씀)
- ☐ kolsuz elbise 콜수즈 엘비세 민소매
- ☐ fermuar 페르무아르 지퍼
- ☐ dantel 단텔 레이스

1 인간
2 가정
3 수
4 도시
5 교통
6 업무
7 경제·사회
8 쇼핑
9 스포츠·취미
10 자연

Unit 05

Geleneksel Kıyafetler

겔레넥셀 크야펫레르 **전통의상**

☐ **bindallı** 빈달르

헤나의 밤(크나 게제씨)에 입는 예비 신부의 의복. 보통 붉은색이나 짙은 보라색으로 화려한 장식이 특징.

☐ **şalvar** 샬바르

오스만시대 전통 배기팬츠의 일종

☐ **pantolon etek**

판톨론 에텍 **치마바지**

☐ **çarık** 챠륵

보통 밭이나 정원 등에서 신었던 노동용 가죽 신발. 민속춤을 출 때도 사용됨. 액운을 막아준다고 하여 작은 모형으로 만들어 나자르 본주우(Nazar boncuğu 악마의 눈)와 함께 부적처럼 쓰임.

☐ **yemeni** 예메니 **가죽신**

오스만시대에 신었던 신발의 일종으로 황색, 적색, 흑색 가죽으로 만들어지며 앞 코가 뾰족함.

☐ **yün patik** 윤 파틱

모직 덧신

225

□ **yün çorap** 윤 초랍

모직 양말

□ **tülbent** 튈벤트

보통 얇은 면으로 만들어진 머리쓰개. 가
장자리에 꽃이나 나뭇잎 모양으로 작은
뜨개로 장식하거나 수를 놓음.

□ **eşarp** 에샤르프

머리쓰개

□ **takke** 탁케

무슬림 남성들이 (기도를 드릴 때)
쓰는 챙이 없는 모자

1 인간
2 가정
3 수
4 도시
5 교통
6 업무
7 경제 · 사회
8 소비
9 스포츠 · 취미
10 자연

터키에서 여성들이 착용하는 머리쓰개는 eşarp 에샤르프, türban 튀르반(터번에서 유래), çarşaf 차르샤프 등의 단어가 사용되고 있다. 우리가 흔히 알고 있는 히잡은 터키에서 hicap으로 표기하며 '부끄러움, 창피'라는 의미를 지니고 있다.

히잡은 무슬림 여성들의 베일을 통칭하는 말로 무슬림 여성들은 코란에 언급된 대로 머리카락, 얼굴, 목 등 신체의 일부를 가리거나 전체를 가리기도 한다. 무슬림 여성의 베일 착용은 관점에 따라 꼭 지켜야 할 의무이자 무슬림 여성의 정체성이라고 주장되기도 하고 선택할 수 있는 자유라고 주장되기도 한다.

보통 베일, 히잡을 의미하는 'başörtüsü 바쉬외르튀쉬'는 '머리'라는 의미의 baş와 'örtü 외르튀 덮개'라는 두 단어가 결합된 단어이다. 터키인들에게 머리쓰개는 여성 의복 가운데 하나로 우리의 조선시대 장옷과 비슷한 역할을 해왔다.

일부 튀르크 여성들이 이슬람화 이전부터 전통적으로 머리쓰개를 썼다는 기록이 있는데, 지금도 시골에 가면 여성들이 음식을 하거나 집밖에 나갈 때, 농사일을 할 때 등 종교적 의미 이외에 머리를 가지런히 하기 위해 머리쓰개를 사용하는 모습을 볼 수 있다. eşarp 에샤르프는 인공섬유 혹은 면이나 실크 등으로 만들며 그 위에 자수를 놓아 장식하거나 다양한 무늬로 염색하는 등 종교적 기능뿐만 아니라 패션의 기능도 하고 있다.

이외에도 터키인들은 예로부터 머리쓰개를 '싸다 bürümek 뷔륌멕'에서 파생한 단어인 'bürücük 뷔륏쥑', '덮다, 가리다 'yaşmak 야쉬막' 등으로 불렀다. 머리쓰개는 이처럼 여러 디자인과 재질로 만들어지며, 지역마다 쓰는 방법, 명칭도 다양하다.

Ayakkabı ve Diğerleri

아야카브 베 디에르레리 **신발·잡화**

☐ **topuklu ayakkabı**

토푹루 아야카브 하이힐

☐ **spor ayakkabı**

스포르 아야카브 운동화

☐ **(deri) ayakkabı**

(데리) 아야카브 (가죽) 구두

☐ **çizme** 치즈메 **부츠**

Bugün yeni ayakkabımı giymiştim de,
ne kadar çok yağmur yağıyor.

부귄 예니 아야카브므 기이미쉬팀 데 네카다르 촉 야무르
야 으요르

오늘 새 구두를 신었는데, 비가 엄청 오네.

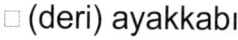

☐ **şapka** 샤프카 **모자**

☐ **beyzbol şapkası**

베이즈볼 샤프카스 야구 모자

☐ **eldiven** 엘디벤
장갑

☐ **çorap** 초랍 **양말**

1 인간

2 가정

3 수

4 도시

5 교통

6 업무

7 경제·사회

8 쇼핑

9 스포츠·취미

10 자연

□ **kravat** 크라밧
넥타이

□ **eşarp** 에샤르프
스카프

□ **mendil** 멘딜
손수건

관련 단어

□ **sandalet** 산달렛 샌들

□ **terlik** 테를릭 슬리퍼

□ **kolye** 콜리예 목걸이

□ **bilezik** 빌레직 / **bileklik** 빌렉릭 팔찌

□ **küpe** 퀴페 귀걸이

□ **broş** 브로쉬 브로치

□ **yüzük** 유쥑 반지

□ **kravat iğnesi** 크라밧 이네씨 넥타이 핀

□ **kol düğmesi** 콜 뒤메씨 커프스 단추

□ **papyon** 파피욘 나비넥타이

□ **kemer** 케메르 벨트

□ **gözlük** 괴즈뤽 안경

□ **saç tokası** 사츠 토카스 머리핀

□ **saç bandı** 사츠 반드 머리끈

Kozmetik 코즈메틱 화장품

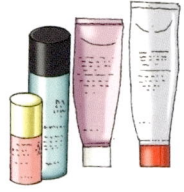

☐ tonik 토닉 스킨

☐ losyon 로씨욘 로션

☐ **besleyici bakım kremi**

베슬레이지 바큼 크레미 **영양 크림**

☐ **gece kremi** 게제 크레미 **나이트 크림**

☐ **pudra** 푸드라

콤팩트 파우더

☐ **makyaj süngeri**

마키야쥐 쉉게리 **퍼프**

☐ **fondöten** 폰되텐 **파운데이션**

Bu fondötenin rengi cildime uygun değil.
부 폰되테닌 렝기 질디메 우이군 데일
이 파운데이션 색조는 내 얼굴에 맞지 않는다.

☐ **maskara** 마스카라 /
rimel 리멜 마스카라

☐ **ruj** 루쥐 립스틱

☐ **parfüm** 파르퓜 향수

Bu parfümün kokusu nasıl?
부 파르퓌뮌 코쿠수 나슬
이 향수 냄새 어때요?

☐ **oje** 오제 매니큐어

☐ **makyaj yapmak**

마키야쥐 야프막 화장하다

Son zamanlarda metroda makyaj yapan
çok fazla kız var.
손 자만라르다 메트로다 마키야쥐 야판 촉 파즐라 크즈 바르
요즘 지하철에서 화장하는 여자들이 많더라.

☐ **saç taramak**

사츠 타라막 머리를 빗다

1 인간
2 가정
3 수
4 도시
5 교통
6 업무
7 경제 · 사회
8 쇼핑
9 스포츠 · 취미
10 저녁

231

관련 단어

- dudak parlatıcısı 두닥 파를라타즈스 립글로스
- allık 알륵 블러셔
- göz farı 괴즈 파르 아이섀도
- temizleme sütü 테미즐레메 쒸튀 클렌징크림
- bronzlaştırıcı krem 브론즈라쉬트르즈 크렘 선탠 크림
- güneş kremi 귀네쉬 크레미 /
  güneş sütü 귀네쉬 쒸튀 자외선 차단 크림
- sabun 사분 비누
- cilt bakımı 질트 바크므 피부 미용 관리, 스킨케어
- kuru cilt 쿠루 질트 건성 피부
- normal cilt 노르말 질트 보통 피부
- karma cilt 카르마 질트 복합 피부
- yağlı cilt 야을르 질트 지성 피부
- saç jölesi 사츠 죌레씨 헤어 젤
- saç kurutma makinesi 사츠 쿠르트마 마키네씨 헤어드라이어

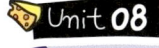

Elektrikli Ev Aletleri

엘렉트릭리 에브 알렛레 **가전제품**

1 인간

2 가정

3 수

4 도시

5 교통

6 업무

7 경제 · 사회

8 쇼핑

9 스포츠 · 취미

10 자연

□ **televizyon**

텔레비지욘 **텔레비전**

□ **video kamera**

비데오 카메라 **캠코더**

□ **klima** 클리마 **에어컨**

Nasıl bir klima alsak iyi olur acaba?

나슬 비르 클리마 알삭 이이 올루르 아자바

에어컨은 어떤 것으로 사면 좋을까요?

□ **buzdolabı** 부즈돌라브

냉장고

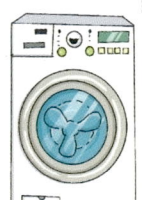

□ **çamaşır makinesi**

차마쉬르 마키네씨 **세탁기**

Sen hala çamaşır makinesinin nasıl kullanılacağını bilmiyor musun?

센 할라 차마쉬르 마키네씨닌 나쓸 쿨라늘라
자으느 빌미요르 무순

너, 아직 세탁기 사용법도 모르니?

□ **mikser** 믹세르 /

karıştırıcı

카르쉬트르즈 **믹서**

233

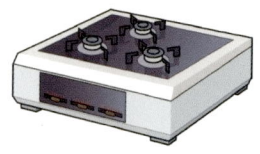

□ elektrikli pilav pişirme makinesi

엘렉트릭리 필라브 피시르메 마키네씨 **전기밥솥**

Son zamanlardaki elektrikli pilav pişirme
makineleri çok çeşitli fonksiyonlara sahiptir.

손 자만라르다키 엘렉트릭리 필라브 피시르메 마키네레리 촉 체
시틀리 퐁씨욘라라 사힙티르

요즘 전기밥솥은 기능이 무척 다양하다.

□ set üstü ocak

셋 위스튀 오작 **가스레인지**

□ telefon 텔레폰 전화기

Demek bu telefonu uzun zamandır
kullanıyorsun.

데멕 부 텔레포누 우준 자만드르 쿨라느요르순

이 전화기 무척 오래 쓰는구나.

□ telsiz telefon

텔씨즈 텔레폰 **무선전화기**

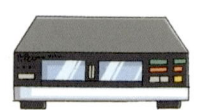

□ CD oynatıcı 씨디 오이나트즈 /

CD player 씨디 플레이르 시디플레이어

Günümüzde CD player kullanan çok fazla
kişi yok.

귀뉘뮈즈데 씨디 플레이르 쿨라난 촉 파즐라 키시 욕

요즘 시디플레이어 쓰는 사람 별로 없더라.

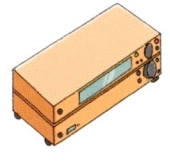

☐ ses sistemi
세스 씨스테미 오디오 시스템

☐ elektrikli ütü
엘렉트릭리 위튀 전기다리미

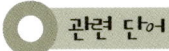
관련 단어

☐ **vantilatör** 반틸라퇴르 선풍기

☐ **mikrodalga fırın** 미크로달가 프른 전자레인지

☐ **bulaşık makinesi** 불라쉭 마키네씨 식기 세척기

☐ **hava nemlendirici** 하바 넴렌디리지 가습기

☐ **kumanda** 쿠만다 리모컨

☐ **çalıştırmak** 찰르쉬트르막 켜다

☐ **kapatmak** 카파트막 끄다

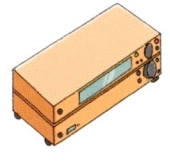 1 인간

2 가정

3 수

4 도시

5 교통

6 업무

7 경제·사회

8 쇼핑

9 스포츠·취미

10 자연

235

Mücevherat 뮈젭헤랏 /
Ziynet Eşyaları 지넷 에시야라르 **귀금속**

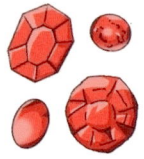

□ **yakut** 야쿳 루비

Bir zamanlar sahte yakut gerçek
yakuttan daha pahalıydı.
비르 자만라르 사흐테 야쿳 케르첵 야쿳탄 다하 파
할르이드
한때 인조 루비가 더 비싼 적이 있었다.

□ **safir** 사피르 사파이어

□ **inci** 인지 진주

İnci, kabuklu deniz hayvanlarının
içinden çıkarılan bir mücevherdir.
인지 카북루 데니즈 하이반라르는 이친덴 츠카를란
비르 뮈젭헤르디르
진주는 조개(류)에서 나오는 보석이다.

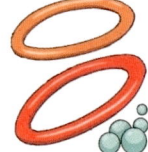

□ **yeşim taşı** 예심 타쉬 옥

Yeşim taşlarında da leke bulunur.
예심 타쉬라른다 다 레케 불루누르
옥에도 티가 있다.

□ **zümrüt** 쥠륏
에메랄드

□ **kuvars** 쿠와르스 /
kristal 크리스탈 수정

□ **elmas** 엘마스
다이아몬드

관련 단어

- □ **mücevher** 뮈젭헤르 보석
- □ **altın** 알튼 금
- □ **gümüş** 귀뮈쉬 은
- □ **platin** 플라틴 백금
- □ **kehribar** 케흐리바르 호박
- □ **mercan** 메르잔 산호
- □ **topaz** 토파스 / **sarı yakut** 사르 야쿳 토파즈, 황옥
- □ **uğurlu taş** 우우를루 타쉬 탄생석
- □ **altın kaplı** 알튼 카플르 금도금
- □ **altından yapılmış** 알튼단 야플므쉬 금으로 만든
- □ **gerçek** 게르첵 / **hakiki** 하키키 진짜의
- □ **sahte** 사흐테 가짜의, 모조품
- □ **imitasyon** 이미타씨욘 / **taklit** 타클릿 모조품

dialog

A: Bu gerçek elmastan yapılma bir yüzük mü?
부 게르첵 엘마스탄 야플마 비르 유즉 뮈
이거 진짜 다이아몬드 반지 맞니?

B: Tabii ki gerçek. Sevgilim bana her zaman en
iyisini verir. Gerçekten çok güzel değil mi?
타비 키 게르첵 세브길림 바나 헤르 자만 엔 이이씨니 베리르 귀첼 데일 미
그럼, 우리 애인은 항상 나에게 가장 좋은 것만 준다고. 정말 예쁘지?

Ekmek 에크멕 · Unlu mamüller 운루 마뮐레르
빵 · 제과

☐ **çikolata** 치콜라타 초콜릿

Bitter çikolata kalp hastalıkları
riskini azaltıyormuş.
비테르 치콜라타 칼프 하스타륵라르 리스키니
아잘트요르무쉬
다크 초콜릿이 심장병을 예방한다고 한다.

☐ **şeker** 셰케르 사탕

Ramazan bayram'ında çocuklar
şeker almaya çıktılar.
라마잔 바이라믄다 초축라르 셰케르 알마야 측트라르
아이들이 라마단 명절에 사탕을 얻으러 나갔다.

☐ **bisküvi** 비스퀴위 비스킷

Ben sade bisküviyi severim.
벤 사데 비스퀴위이 세베림
나는 담백한 비스킷이 좋다.

☐ **patates cipsi**
파타테스 집씨 포테이토칩

☐ **kek** 켁
(카스텔라류, 쉬폰케익류의) 빵

☐ **doğum günü pastası**
도움 귀뉘 파스타스 생일 케이크

238

1 인간

2 가정

3 수

4 도시

5 교통

6 업무

7 경제 · 사회

8 쇼핑

9 스포츠 · 취미

10 자연

□ **karamel** 카라멜 캐러멜

□ **muffin** 머핀 머핀

관련 단어

□ **sakız** 사크즈 껌

□ **pasta** 파스타 페이스트리

□ **turta** 투르타 파이

□ **parça** 파르차 조각

□ **dilim** 딜림 조각, 덩어리 (단위)

□ **mum** 뭄 초

□ **süs** 쒸스 장식

dialog

A: Babacığım, eve gelirken pasta alır mısın?
바바즈음 에베 겔리르켄 파스타 알르르 므슨
아빠, 퇴근하실 때 빵 좀 사다 주세요.

B: Tamam canım, hangi pastadan?
타맘 자늠 한기 파스타단
그래, 무슨 빵?

A: Birden canım kek istedi.
비르덴 자늠 켁 이스테디
갑자기 카스텔라가 먹고 싶어요.

1 다음 그림과 단어를 연결해 보세요.

müşteri   madeni para   çalışan   kasiyer   kağıt para

2 다음 보기에서 단어를 골라 빈칸에 써넣어 보세요.

a) kırtasiye   elektrikli ev aletleri   kozmetik
   mutfak eşyaları / mutfak gereçleri   mücevher
b) tuz   içecek   un   meyve   ekmek

a) 문방구 _____   주방용품 _____   가전제품 _____

   보석 _____   화장품 _____

b) 밀가루 _____   소금 _____   음료수 _____

   빵 _____   과일 _____

3 다음 단어를 터키어 혹은 우리말로 고쳐 보세요.

a) 스웨터 _____   바지 _____   반바지 _____

   조끼 _____   단추 _____

b) 치마 _____   스카프 _____   귀걸이 _____

   목걸이 _____   블라우스 _____

c) kemer _____   spor ayakkabı _____

   eldiven _____   kravat _____

   çorap _____

d) parfüm _____   makyaj yapmak _____

   fondöten _____   ruj _____

   allık _____

4 다음 빈칸에 알맞은 터키어를 써넣어 보세요.

a) 리모컨은 어디 있니?

   _____ nerede?

b) 가습기를 켜시지 그래요?

   _____ çalıştırabilir misin?

c) 나는 전기밥솥을 사고 싶다.

   _____ almak istiyorum.

d) 대부분의 여자들은 보석을 좋아한다.

   Çoğu kadın _____ sever.

e) 이게 진짜 다이아몬드 반지인가요?

   Bu gerçek _____ yapılma bir yüzük mü?

f) 나는 그녀의 수정 같은 눈을 사랑한다.

   Ben onun _____ gibi ışıltılı gözlerine aşığım.

g) 아내는 내 생일 케이크를 만들었다.

   Eşim, benim _____ yaptı.

정답

1 계산원 – Kasiyer   점원 – çalışan   고객 – müşteri
   동전 – madeni para   지폐 – kağıt para

2 a) kırtasiye   mutfak eşyaları / mutfak gereçleri   elektrikli ev aletleri
     mücevher   kozmetik
   b) un   tuz   içecek   ekmek   meyve

3 a) kazak   pantalon   şort   yelek   düğme
   b) etek   eşarp   küpe   kolye   bluz
   c) belt   운동화   장갑   넥타이   양말
   d) 향수   화장하다   파운데이션   립스틱   볼터치

4 a) Kumanda   b) Hava nemlendiriciyi   c) Elektrikli pilav makinesi   d) mücevher
   e) elmastan   f) kristal   g) doğum günü pastamı   h) şeker

Theme 9

➜ **Spor** 스포르 • **Hobi** 호비
스포츠 • 취미

1 인간
2 가정
3 수
4 도시
5 교통
6 업무
7 경제 · 사회
8 쇼핑
9 스포츠 · 취미
10 자연

Spor 스포르 **스포츠**

Bireysel Spor 비레이셸 스포르 개인 스포츠

☐ **bowling**
보울링 **볼링**

☐ **golf** 골프 골프

☐ **tenis** 테니스
테니스

☐ **boks** 복스 권투

Boks, Roma döneminde
şiddetlenmiştir.
복스 로마 되네민데 시뎃틀렌미쉬티르
로마 시대의 권투는 무시무시했다.

☐ **bilardo** 빌라르도 당구

Bilardo kapalı bir alanda oynanır.
빌라르도 카팔르 비르 알란다 오이나느르
당구는 실내 스포츠이다.

☐ **sörf** 쐬르프 서핑

Sörf günümüzde yaygın bir spor haline
gelmiştir.
쐬르프 귀뉘뮈즈데 야이근 비르 스포르 할리네 겔미쉬티르
서핑은 이미 대중적인 스포츠가 되었다.

244

□ **paten kayma**

파텐 카이마 스케이팅

□ **balık tutma**

발륵 투트마 낚시

1 인간

2 가정

3 수

4 도시

5 교통

6 업무

7 경제 · 사회

8 쇼핑

9 스포츠 · 취미

10 자연

관련 단어

□ **bisiklete binme** 비씨클레테 빈메 사이클링

□ **binicilik** 비니질릭 승마

□ **koşu** 코슈 조깅

□ **kaykay tahtası** 카이카이 타흐타스 스케이트보드

□ **kayak** 카약 스키

□ **paraşütle atlama** 파라슛틀레 아틀라마 스카이다이빙

□ **sualtı dalışı** 수알트 달르쉬 스쿠버다이빙

□ **karkayağı** 카르카야으 스노우보딩

□ **yüzme** 유즈메 수영

□ **alpinizm** 알피니즘 / **dağa tırmanma** 다아 트르만마 등산

□ **egzersiz** 에그제르씨즈 / **vücut geliştirme** 뷔줏 겔리쉬티르메 /

fitness 피트니스 피트니스

□ **ağırlık çalışması** 아으를륵 찰르쉬마스 웨이트 트레이닝

Grup Sporu 그룹 스포르 단체 스포츠

☐ **beyzbol** 베이즈볼 야구

Beyzbol, Amerika'yı temsil
eden bir spor dalıdır.
베이즈볼 아메리카이으 템씰 에덴 비르 스포르
달르드르
야구는 가장 미국적인 스포츠이다.

☐ **futbol** 풋볼 축구

Futbolu tüm halk sever.
풋볼루 튐 할크 세베르
축구는 국민 모두가 좋아한다.

☐ **basketbol** 바스켓볼 농구

☐ **voleybol** 볼레이볼 배구

☐ **rafting** 래프팅 래프팅

1 인간

2 가정

3 수

4 도시

5 교통

6 업무

7 경제·사회

8 쇼핑

9 스포츠·취미

10 자연

관련 단어

- □ hokey 호케이 하키
- □ masa tenisi 마사 테니씨 탁구
- □ spor aleti 스포르 알레티 운동 기구
- □ futbol topu 풋볼 토푸 축구공
- □ raket 라켓 라켓
- □ beyzbol sopası 베이즈볼 소파스 야구 배트
- □ başlık 바쉴륵 / kasket 카스켓 헬멧
- □ eldiven 엘디벤 글러브
- □ paten 파텐 스케이트
- □ yürüyüş botu 유뤼위쉬 보투 등산화
- □ olta 올타 낚싯대
- □ olta yemi 올타 예미 미끼, 낚싯밥
- □ süre ölçer 쒸레 욀체르 / kronometre 크로노메트레 스톱워치
- □ dalgıç kıyafeti 달그츠 크야페티 잠수복
- □ palet 팔렛 물갈퀴, 오리발
- □ oksijen tüpü 옥씨젠 튀퓌 산소통
- □ sualtı solunum cihazı 수알트 솔루눔 지하즈 수중 호흡기

247

Yüzme Havuzu 유쥐메 하우주 **수영장**

☐ **esneme** 에스네메
스트레칭

☐ **(suya) dalış yapmak**
(수야) 달르쉬 야프막 다이빙하다

☐ **tramplen** 트람플렌 다이빙대

☐ **yüzme** 유즈메 수영

Akımın çok olduğu yerlerde
yüzmek tehlikelidir.
아크믄 촉 올두우 예르레르데 유즈멕
테흘리켈리디르
물살이 센 곳에서 수영하는 것은 위험하다.

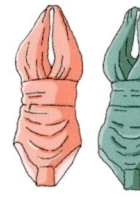

☐ **mayo** 마요 **수영복**

Ayy, mayomu
unutmuşum(getirmemişim)!
아이 마요무 우누트무슘(게티르메미쉼)
이런, 수영복을 안 가져왔네!

☐ **yüzme simidi**
유즈메 시미디 **튜브**

☐ **yüzücü gözlüğü**
유쥐쥐 괴즈뤼위 **물안경**

1 인간

2 가정

3 수

4 도시

5 교통

6 업무

7 경제 · 사회

8 쇼핑

9 스포츠 · 취미

10 자연

관련 단어

- serbest yüzme stili 세르베스트 유즈메 스틸리 **자유형**
- kurbağalama yüzme stili 쿠르바아라마 유즈메 스틸리 **평영**
- kelebekleme yüzme stili 켈레벡레메 유즈메 스틸리 **접영**
- sırtüstü yüzme stili 스르트위스튀 유즈메 스틸리 **배영**
- can kurtaran 잔 쿠르타란 **안전 요원**
- can yeleği 잔 옐레이 **구명조끼**
- kramp 크람프 **쥐, 경련**
- su kaydırağı 수 카이드라으 **미끄럼틀**
- ~nolu sıra 놀루 스라 **(수영장의) ~번 레인**
- bone 보네 **수영 모자**
- bikini 비키니 **비키니**
- bronzlaştırma 브론즈라쉬트르마 **선탠**

dialog

A: Bugün öğreneceğimiz yüzme stili kelebeklemedir.
부귄 외레네제이미즈 유즈메 스틸리 켈레벡레메디르
오늘 배울 수영 종목은 접영입니다.

B: Zor değil mi? Daha serbest yüzmeyi bile bilmiyoruz ki.
조르 데일 미 다하 세르베스트 유즈메이 빌레 빌미요루즈 키
어렵지 않나요? 아직 자유형도 제대로 못하는데요.

Sağlık Kulübü 사을륵 쿨뤼뷔 /
Spor Salonu 스포르 살로누 **헬스클럽**

☐ yürüyüş bandı

유뤼위쉬 반드 **러닝머신**

☐ bisiklet 비씨클렛 **사이클**

☐ halter barı 할테르 바르 **역기**

Her sabah halter barıyla spor yaparım.

헤르 사바흐 할테르 바르일라 스포르 야파름
나는 아침마다 역기로 운동을 한다.

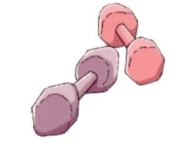

☐ dambıl 담블 **아령**

☐ teknik direktör 테크닉 디렉퇴르 /

antrenör 안트레뇌르 /

koç 코츠 **코치**

Bizim takımın teknik direktörü çok sert ve titizdir.

비심 타크믄 테크닉 디렉퇴뤼 촉 세르트 베 티티즈디르
우리 팀의 코치는 아주 엄격하다.

☐ barfiks çekmek

바르픽스 체크멕 **턱걸이(하다)**

Kardeşim hiç barfiks çekemez.

카르데심 히치 바르픽스 체케메즈
내 동생은 턱걸이를 한번도 못한다.

250

1 인간

2 가정

3 수

4 도시

5 교통

6 업무

7 경제 · 사회

8 쇼핑

9 스포츠 · 취미

10 자연

□ şınav çekmek

쉬나우 체크멕 **팔굽혀펴기(하다)**

□ mekik çekmek

메킥 체크멕 **윗몸일으키기(하다)**

관련 단어

□ **aerobik** 아에로빅 에어로빅

□ **ip atlamak** 입 아틀라막 줄넘기

□ **(vücut) egzersizi yapmak** (뷔춧) 에그제르씨지 야프막
(몸을) 단련하다

□ **ısınma egzersizi yapmak** 으슨마 에그제르씨지 야프막
준비 운동을 하다

dialog

A: Birlikte spor salonuna gidelim mi, ne dersin?
비를릭테 스포르 살로누나 기델림 미 네 데르씬
우리 같이 헬스클럽에 다니는 건 어떨까?

B: Canım istemiyor sen git.
자늠 이스테미요르 센 깃
귀찮아. 너나 다녀.

A: Ama spor yapmazsan şişko patates olacaksın.
아마 스포르 야프마즈산 시시코 파타테스 올라작슨
너 그러다가 정말 뚱보된다.

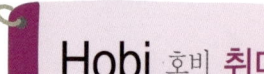

Hobi 호비 **취미**

□ **kitap okuma**

키탑 오쿠마 **독서**

□ **örgü** 외르귀 **뜨개질**

Bana göre örgü örmek çok zor.
바나 괴레 외르귀 외르멕 촉 조르
내게는 뜨개질이 정말 어렵다.

□ **nakış** 나크쉬 **자수**

□ **maket yapmak**

마켓 야프막 **모형 제작**

□ **çömlekçilik** 춈렉칠릭 **도예**

Bu, çömlek işini öğrendikten
sonra yaptığım bardak.
부 춈렉 이시니 외렌딕텐 손라 얍트음 바르닥
이 컵은 내가 도예를 배워 만든 거야.

□ **astronomik gözlem**

아스트로노믹 괴즐렘 **천체 관측**

1 인간

2 가정

3 수

4 도시

5 교통

6 업무

7 경제·사회

8 쇼핑

9 스포츠·취미

10 자연

관련 단어

□ **origami** 오리가미 종이접기

□ **dikiş** 디키쉬 바느질

□ **dikiş dikmek** 디키쉬 디크멕 바느질하다

□ **fotoğraf çekme** 포토으라프 체크멕 사진 촬영

□ **el sanatları** 엘 사나트라르 수공예

□ **yemek pişirme** 예멕 피시르메 요리

□ **pul koleksiyonu yapma** 풀 콜렉씨요누 야프막 우표 수집

□ **yapboz oyunu oynamak** 얍보즈 오유누 오이나막
　조각 퍼즐 맞추기

□ **hat sanatı** 핫 사나트 서예

□ **go** 고 바둑

□ **Kore Satrancı** 코레 사트란즈 장기

□ **satranç** 사트란츠 체스

dialog

A: Hobiniz nedir?
호비니즈 네디르
취미가 뭐예요?

B: Fotoğraf çekmeyi severim.
포토으라프 체크메이 세베림
사진 찍는 걸 좋아해요.

A: Güzel bir hobiye sahipsiniz!
귀젤 비르 호비에 사힙씨니즈
좋은 취미를 가지셨네요!

Kağıt Oyunu 캬읏 오유누 **카드 게임**

□ **as** 아스 에이스(A)

As, onda galiba.
아스 온다 갈리바
그는 에이스를 가지고 있는 것 같다.

□ **papaz** 파파스 /
rua 루아 킹(k)

□ **kız** 크즈 /
dam 담 퀸(q)

□ **bacak** 바작 /
vale 발레 잭(j)

□ **sinek** 씨넥 /
trefl 트레플 클로버(♣)

□ **joker** 조케르 조커

Ne yaparsam yapayım
Jokeri atmaya mecburum.
네 야파르삼 야파이음 조케리 아트마
야 메즈부룸
아무래도 조커를 내야겠네.

□ **karo** 카로
다이아몬드(♦)

□ **maça** 마차
스페이드(♠)

□ **kupa** 쿠파 /
kör 쾨르 하트(♥)

1 인간

2 가정

3 수

4 도시

5 교통

6 업무

7 경제·사회

8 쇼핑

9 스포츠·취미

10 자연

관련 단어

- □ **iskambil kâğıdı** 이스캄빌 캬으드 트럼프
- □ **kartları karıştırmak** 카르트라르 카르쉬트르막 카드를 섞다
- □ **kartları dağıtmak** 카르트라르 다으트막 카드를 배분하다
- □ **sıra** 스라 차례
- □ **kazanmak** 카잔막 이기다
- □ **kaybetmek** 카이베트멕 지다
- □ **Bahse girmek** 바흐세 기르멕 /
  iddiaya girmek 잇디아야 기르멕 내기하다
- □ **bahis parası** 바히스 파라스 내기 돈

dialog

A: **Hadi iskambil oynayalım.**
하디 이스캄빌 오이나얄름
우리 카드 게임하자.

B: **Ben oynamayı bilmiyorum.**
벤 오이나마이으 빌미요룸
난 못 하는데.

A: **Bilmiyor musun? Çok kolay. Ben sana öğretirim.**
빌미요르 무순 촉 콜라이 벤 사나 외레티림
그걸 못 한다구? 쉬워. 내가 가르쳐줄게.

255

Seyahat 세야핫 / Gezme 게즈메 **여행**

☐ **gezip görmek** 게집 괴르멕 /

seyahat etmek 세야핫 에트멕

관광하다

☐ **turist** 투리스트 **관광객**

Turistler genellikle bu tarihi
bölgeyi ziyaret ediyor.
투리스트레르 게넬릭레 부 타리히 뵐게이
지야렛 에디요르
관광객들은 주로 이 유적지를 찾는다.

☐ **gece seyahati**

게제 세야하티 **야간 관광**

☐ **gözlem evi** 괴즐렘 에비

전망대

☐ **hatıra eşya** 하트라 에시야 /

hediyelik eşya 헤디옐릭 에시야 **기념품**

Bu, sana vermek için aldığım hediyelik eşyadir.
부 사나 베르멕 이친 알드음 헤디옐릭 에시야디르
이 기념품은 너 주려고 사온 거야.

☐ **sanat eseri**

사낫 에세리 **예술품**

1 인간

2 가정

3 수

4 도시

5 교통

6 업무

7 경제 · 사회

8 쇼핑

9 스포츠 · 취미

10 자연

관련 단어

☐ **seyahat acentası** 세야핫 아젠타스 여행사

☐ **rezervasyon** 레제르바씨욘 예약

☐ **tatil süresi** 타틸 쉬레씨 휴가 기간

☐ **rehber** 레흐베르 가이드, 관광 안내원

☐ **günlük seyahat** 귄뤽 세야핫 당일 여행

☐ **grup seyahati** 그룹 세야하티 단체 여행

☐ **serbest gezi** 세르베스트 게지 자유여행

☐ **yurtdışı seyahati** 유르트드쉬 세야하티 해외 여행

☐ **gemi turu** 게미 투루 선박 여행

☐ **deniz tutması** 데니즈 투트마스 뱃멀미

☐ **tur otobüsü** 투르 오토뷔쉬 관광 버스

☐ **seyahat güzergâhı** 세야핫 귀제르갸흐 관광 코스

☐ **gidilecek yerler** 기딜레젝 예르레르 /

mutlaka gidilmesi gereken yerler

무틀라카 기딜메씨 게레켄 예를레르 **꼭 가봐야 할 곳**

☐ **tarihi yer** 타리히 예르 유적지, 옛터

☐ **serbest zaman** 세르베스트 자만 자유 시간

Güneş Banyosu 귀네쉬 반요수 /
Güneşlenme 귀네쉬렌메 **일광욕**

❶ güneş gözlüğü
귀네쉬 괴즈뤼위 선글라스

❷ plaj şemsiyesi
필라쥐 셈씨예씨 비치파라솔

❸ bikini 비키니 비키니

☐ **güneş kremi** 귀네쉬 크레미
자외선 차단 크림

☐ **güneş yağı** 귀네쉬 야으 선탠오일

☐ **dalga** 달가 파도

Dalga sesleri gerçekten
rahatlatıyor.
달가 세스레리 게르첵텐 라핫라트요르
파도 소리가 듣기 정말 좋다.

☐ **kabuklu deniz hayvanı**
카북루 데니즈 하이바느 /

istiridye 이스티리디예 조개

Ay! İstiridye kabuğuna bastım.
아이 이스티리디예 카부우나 바스틈
아야! 조개 껍질을 밟았어.

258

1 인간

2 가정

3 수

4 도시

5 교통

6 업무

7 경제·사회

8 쇼핑

9 스포츠·취미

10 지역

관련 단어

□ **deniz** 데니즈 바다

□ **deniz kenarı** 데니즈 케나르 / **deniz kıyısı** 데니즈 크이으스 /
   sahil 사힐 해변, 바닷가

□ **güneş** 귀네쉬 태양

□ **kum** 쿰 모래

□ **martı** 마르트 갈매기

□ **güneşin doğuşu** 귀네신 도우슈 일출

□ **güneşin batışı** 귀네신 바트쉬 일몰

□ **plaj topu** 플라쥐 토푸 비치볼

□ **geniş kenarlı şapka** 게니쉬 케나를르 샤프카 차양 모자

dialog

A: Cildim güneşte çok yanmış. Çok acıyor.
   질딤 귀네쉬테 촉 얀므쉬 촉 아즈요르
   나 피부가 너무 많이 탔나 봐. 따가워.

B: O zaman içeriye girelim mi?
   오 자만 이체리예 기렐림 미
   그만 안으로 들어갈까?

A: Tamam. Gidip soğuk yoğurt sürelim.
   타맘 기딥 소욱 요우르트 쉬렐림
   그래. 들어가서 요구르트 좀 바르자.

   ※터키에서는 햇볕에 탄 피부를 진정시키기 위해 차가운 무지방 요구르트를 바른다.

Televizyon 텔레비지욘 **텔레비전**

□ **televizyon kanalları**

텔레비지욘 카날라르 **텔레비전 채널**

□ **komedyen**

코메디엔 **개그맨**

□ **sunucu**

수누주 **사회자**

□ **canlı yayın**

잔르 야이은 **생중계**

□ **yorumcu** 요룸주 **해설자**

□ **reklam** 레클람 **광고**

Of, çok sinirlendim. Neden bu kadar çok reklam koyarlar ki?

오프 촉 씨니를렌딤 네덴 부 카다르 촉 레클람 코야르라르 키

짜증나, 광고는 왜 이렇게 많아?

1 인간

2 가정

3 수

4 도시

5 교통

6 업무

7 경제·사회

8 쇼핑

9 스포츠·취미

10 지역

관련 단어

- □ **medya** 메디야 매스컴
- □ **seyirci** 세이르지 시청자
- □ **program** 프로그람 프로그램
- □ **yönetmen** 요네트멘 / **yapımcı** 야픔즈 프로듀서, PD
- □ **müzik grubu** 뮈직 그루부 그룹사운드
- □ **dublaj sanatçısı** 두블라쥐 사낫츠스 성우
- □ **şarkıcı** 샤르크즈 가수
- □ **dizi** 디지 드라마, 연속극
- □ **özel röportaj** 외젤 뢰포르타쥐 독점 취재
- □ **röportaj** 뢰포르타쥐 인터뷰
- □ **önceden kaydedilmiş yayın**
  왼제덴 카이데딜미쉬 야으은 녹화 방송
- □ **tekrar yayınlamak** 테크라르 야이은라막 재방송하다

Film 필림 **영화**

① **sahne** 사흐네 /

perde 페르데 영화 스크린

② **yer** 예르 / **koltuk** 콜툭 좌석

③ **seyirci** 세이르지 **관객**

④ **patlamış mısır**

파틀라므쉬 므스르 **팝콘**

□ **bilet gişesi** 빌렛 기셰시 **매표소**

Neden gişenin önünde bu kadar sıra var?

네덴 기셰닌 외뉜데 부 카다르 스라 바르

매표소 앞에 웬 줄이 저렇게 길지?

□ **erkek baş oyuncu**

에르켁 바쉬 오윤주 **남자 주인공**

□ **kadın baş oyuncu**

카든 바쉬 오윤주 **여자 주인공**

□ **yönetmen** 요네트멘 **감독**

□ **trajedi** 트라제디 /
dram 드람 비극

O film tam bir trajedidir.
오 필름 탐 비르 트라제디디르
이 영화 그야말로 비극적이다.

□ **kantin** 칸틴 매점

관련 단어

□ **sinema** 씨네마 영화관

□ **rol** 롤 배역, 역할

□ **korku filmi** 코르쿠 필리미 공포 영화

□ **gerilim filmi** 게릴림 필리미 스릴러 영화

□ **animasyon** 아니마씨욘 만화영화

□ **komedi filmi** 코메디 필리미 코믹 영화

□ **aksiyon filmi** 악씨욘 필리미 액션 영화

□ **bilim kurgu filmi** 빌림 쿠르구 필리미 공상 과학 영화

□ **yetişkin filmi** 예티쉬킨 필리미 성인 영화

□ **erotik film** 에로틱 필름 에로 영화

Konser 콘세르 / Resital 레씨탈 **연주회**

□ orkestra 오르케스트라
관현악단

□ orkestra şefi
오르케스트라 셰피 지휘자
□ baton 바톤 지휘봉
□ platform 플랫폼 /
kürsü 퀴르쉬 지휘대

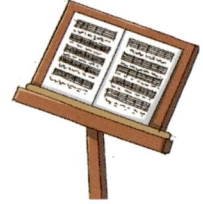

□ nota 노타 악보

□ trombon 트롬본
트롬본

□ trompet 트롬펫
트럼펫

□ keman 케만
바이올린

□ çello 첼로 첼로

□ piyano 피야노
피아노

□ **bateri** 바테리 드럼
□ **baterist** 바테리스트 드러머

□ **gitar** 기타르 기타

□ **gitarist** 기타리스트 기타리스트

O gitaristin el hüneri gerçekten mükemmel.
오 기타리스틴 엘 휘네리 게르첵텐 뮈켐멜
저 기타리스트 손놀림이 정말 화려하다.

관련 단어

□ **müzisyen** 뮈지씨옌 음악가, 뮤지션

□ **opera** 오페라 오페라

□ **senfoni** 센포니 교향곡, 심포니

□ **yaylı çalgılar dörtlüsü** 야일르 찰그라르 뢰르트뤼쉬 현악사중주

□ **koro** 코로 앙상블

1 인간
2 가정
3 수
4 도시
5 교통
6 업무
7 경제·사회
8 쇼핑
9 스포츠·취미
10 자연

Lunapark 루나파르크 놀이공원

□ **hayvanat bahçesi**

하이바낫 바흐체씨 **동물원**

□ **atlıkarınca**

아틀르카른자 **회전 목마**

□ **balon**

발론 **풍선**

□ **palyaço** 팔리야초 **어릿광대**

Palyaçonun dans edişine bir
baksana.
팔리야초눈 단스 에디시네 비르 박사나
저 어릿광대 춤추는 거 봐.

□ **lunapark hız treni**

루나파르크 흐즈 트레니 **롤러코스터**

□ **dönme dolap** 된메 돌랍 **회전 관람차**

Biz de dönme dolaba binelim mi?
비즈 데 된메 돌라바 비넬림 미
우리 회전 관람차도 타볼까?

□ **kafeterya** 카페테리야
매점

□ **pamuk şeker** 파묵 셰케르 솜사탕

Anne, ben pamuk şeker istiyorum.
안네 벤 파묵 셰케리 이스티요룸
엄마, 나 솜사탕 먹고 싶어.

관련 단어

□ **danışman** 다느쉬만 안내소

□ **lunapark oyuncakları** 루나파르크 오윤작라르 놀이기구

□ **teleferik** 텔레페릭 케이블카

□ **çarpışan araba** 차르프샨 아라바 범퍼카

□ **fok balığı gösterisi** 폭 발르으 괴스테리씨 물개 쇼

□ **botanik bahçesi** 보타닉 바흐체씨 식물원

□ **kaydırak** 카이드락 미끄럼틀

□ **salıncak** 살른작 그네

□ **giriş** 기리쉬 입구

□ **çıkış** 츠크쉬 출구

1 다음 단어를 터키어 혹은 우리말로 고쳐 보세요.

a) 볼링 _____ 수영 _____ 낚시 _____

  탁구 _____ 스카이다이빙 _____

b) 축구 _____ 야구 _____ 농구 _____

  배구 _____ 스케이트 _____

c) beyzbol sopası _____ kasket _____

  raket _____ maske _____

  eldiven _____

d) 자유형 _____ 튜브 _____ 물안경 _____

  수영복 _____ 스트레칭 _____

2 다음 보기에서 단어를 골라 빈칸에 써넣어 보세요.

a) barfiks çekmek   yürüyüş bandı   şınav çekmek
   mekik çekmek   halter kaldırmak
b) nakış yapma   örgü örme   yemek pişirme
   kitap okuma   çömlekçilik
c) kazanmak   bahse girme   yenilmek / kaybetmek
   sıra   karıştırmak

a) 턱걸이 _____ 윗몸일으키기 _____ 역기 _____

  러닝머신 _____ 팔굽혀펴기 _____

b) 뜨개질 _____ 요리 _____ 자수 _____

독서 _____ 도예 _____

c) 내기 _____ 이기다 _____ 지다 _____

차례 _____ (카드를) 섞다 _____

3 다음 그림과 단어를 연결해 보세요.

· · · ·

· · · ·

turist   seyahat (etmek)   gözlem evi   gece seyahati

4 다음 빈칸에 알맞은 터키어를 써넣어 보세요.

a) 내가 가장 좋아하는 개그맨은 신동엽이다.

Benim en sevdiğim _____ Dong-yeop ŞİN'dir.

b) TV 광고는 상당히 효과적이다.

_____ hakikaten çok etkileyici.

c) 나는 액션 영화를 좋아한다.

Ben _____ severim.

d) 요즘은 영화를 DVD로 본다.

Bugünlerde _____ DVD'den izliyorum.

5 다음 단어를 터키어 혹은 우리말로 고쳐 보세요.

a) 바이올린 _____   orkestra şefi _____

   기타 _____   피아노 _____

   nota _____

b) 풍선 _____   동물원 _____

   솜사탕 _____   palyaço _____

   atlıkarınca _____

1 a) bovling   yüzme   balık tutma   masa tenisi   paraşütle atlama
b) futbol   beyzbol   basketbol   voleybol   paten
c) 야구 배트   헬멧   라켓   마스크   글러브
d) serbest yüzme   yüzme simidi   yüzücü gözlüğü   mayo
   esneme

2 a) barfiks çekmek   mekik çekmek   halter kaldırmak
   yürüyüş bandı   şınav çekmek

b) örgü   yemek pişirme   nakış   kitap okuma   çömlekçilik

c) bahse girme   kazanmak   yenilmek / kaybetmek   sıra
   (kartları) karıştırmak

3 관광객 – turist   관광(하다) – seyahat (etmek)
야간 관광 – gece seyahati   전망대 – gözlem evi

4 a) komedyen   b) Televizyon rekramları   c) aksiyon filmlerini   d) filmleri

5 a) keman   지휘자   gitar   piyano   악보
b) balon   hayvanat bahçesi   pamuk şeker   피에로   회전 목마

Theme 10

→ **Doğa** 도아 자연

1 인간
2 가정
3 수
4 도시
5 교통
6 업무
7 경제 · 사회
8 쇼핑
9 스포츠 · 취미
10 자연

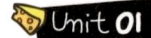
Hayvanlar 하이반라르 **동물**

☐ aslan 아슬란 사자

☐ kaplan 카플란
호랑이

☐ ayı 아이으 곰

☐ panda 판다 판다

☐ fil 필 코끼리

☐ su aygırı
수 아이그르 하마

☐ deve 데베 낙타

☐ zürafa 쥐라파
기린

☐ zebra 제브라
얼룩말

□ **tilki** 틸키 여우

□ **kurt** 쿠르트 늑대

Kurt, sadece tek eşli bir hayvanmış.
쿠르트 사데제 텍 에실리 비르 하이반므쉬
늑대는 일부일처 하는 동물이래.

□ **geyik** 게익 사슴

□ **maymun** 마이문
원숭이

□ **timsah** 팀사흐
악어

□ **yılan** 이을란 뱀

□ **inek** 이넥 소

□ **süt ineği**
쉿 이네이 젖소

1 인간
2 가정
3 수
4 도시
5 교통
6 업무
7 경제·사회
8 쇼핑
9 스포츠·취미
10 자연

☐ **domuz**

도무즈 돼지

☐ **köpek** 쾨펙 개

☐ **kedi** 케디 고양이

Van Kedisi.
반 케디씨
반 고양이
*Van 반 : 터키의 동부의 도시

☐ **tavşan** 타브샨

토끼

☐ **at** 앗 말

274

1 인간

2 가정

3 수

4 도시

5 교통

6 업무

7 경제 · 사회

8 쇼핑

9 스포츠 · 취미

10 자연

관련 단어

- [ ] **fare** 파레 쥐
- [ ] **hamster** 헴스트르 햄스터
- [ ] **goril** 고릴 고릴라
- [ ] **tırnak** 트르낙 (짐승의) 발톱
- [ ] **boynuz** 보이누즈 뿔
- [ ] **kuyruk** 쿠이룩 꼬리
- [ ] **toynak** 토이낙 발굽
- [ ] **yele** 옐레 (사자, 말 등의) 갈기

dialog

A: Ooo, ayıya baksana!
오오 아이으야 박사나
저 곰 좀 봐!

B: Vay, şimdiye kadar gördüğüm en büyük ayı!
와이 심디에 카다르 괴르뒤윰 엔 뷔윽 아이으
우와, 지금까지 본 중에 가장 큰 곰이야!

Kuş Türleri 쿠쉬 튀르레리 **조류**

□ **karga** 카르가

까마귀

□ **güvercin** 귀베르진 비둘기

Güvercinlere yiyecek vermeyin lüfen.
귀베르진레레 이예젝 베르메인 륏펜
비둘기에게 먹이를 주지 마세요.

□ **şahin** 샤힌 매

□ **kartal** 카르탈

독수리

□ **baykuş**

바이쿠쉬 부엉이

□ **kırlangıç**

크를랑그츠 제비

□ **serçe** 세르체 참새

□ **martı** 마르트 갈매기

□ Tarla kuşu 타를라 쿠슈 /
toygar 토이가르 종달새

□ papağan
파파안 앵무새

□ deve kuşu
데베 쿠슈 타조

□ Japon turnası
자폰 투르나스 학, 두루미

□ kuğu 쿠우 백조

□ tavuk 타욱 닭, 암탉
□ horoz 호로즈 수탉

□ penguen 펭구엔 펭귄

Kuzey Kutbu'nda penguen yokmuş.
쿠제이 쿳분다 펭구엔 욕무쉬
북극에는 펭귄이 없대요.

1 인간
2 가정
3 수
4 도시
5 교통
6 업무
7 경제·사회
8 쇼핑
9 스포츠·취미
10 자연

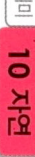

관련 단어

- □ **saksağan** 삭사안 까치
- □ **ördek** 외르덱 오리
- □ **kaz** 카즈 기러기
- □ **göçmen kuşlar** 괴츠멘 쿠쉬라르 철새
- □ **tüy** 뛰이 깃털
- □ **gaga** 가가 (새의) 부리
- □ **pençe** 펜체 (동물의) 갈고리 발톱
- □ **kuyruk** 쿠이룩 꼬리, 꽁지
- □ **kanat** 카낫 날개
- □ **yuva** 유바 둥지

dialog

A: Horozların kuyruğu uzundur, tavukların ki ise kısadır.
호로즈라른 쿠이루우 우준두루 타욱라른키 이세 크사드르
수탉은 꽁지가 길고, 암탉은 꽁지가 짧단다.

B: Aa öyle mi. Şimdiye kadar hiç duymamıştım.
아 외일레 미 심디예 카다르 히치 두이마므쉬틈
아, 그렇군요. 지금까지 몰랐어요.

Böcekler 뵈젝레르 **곤충**

□ arı 아르 벌

□ sinek 씨넥 파리

□ örümcek
외륌젝 거미

□ karınca 카른자 개미

Kanatlı karıncalar erkektir.
카나틀르 카른자라르 에르켁티르
날개가 달린 개미는 수개미란다

□ gece kelebeği 게제 켈레베이 /
pervane 페르바네 나방

□ kelebek
켈레벡 나비

□ kızböceği 크즈뵈제이 /
yusufçuk 유수프축 잠자리

□ çekirge
체키르게 메뚜기

□ makaslı böcek
마카슬르 뵈젝 **사슴벌레**

□ ateş böceği
아테쉬 뵈제이 **개똥벌레**

□ uğur böceği
우우르 뵈제이 **무당벌레**

1 인간 2 가정 3 수 4 도시 5 교통 6 업무 7 경제·사회 8 쇼핑 9 스포츠·취미 10 자연

☐ **cırcır böceği**

즈르즈르 뵈제이 **귀뚜라미**

☐ **hamam böceği**

하맘 뵈제이 **바퀴벌레**

Hamam böceği nemli ve karanlık yerleri sever.

하맘 뵈제이 넴리 베 카란륵 예를레리 세베르
바퀴벌레는 습하고 어두운 곳을 좋아한다.

☐ **sivri sinek** 씨브리씨넥 **모기**

Sivri sinek soktuğu için cildim çok kaşınıyor.

시브리 시넥 속투우 이친 질딤 촉 카쉬느요르
모기에 물려서 피부가 너무 가렵다.

관련 단어

☐ **kınkanatlı** 큰카나틀르 **딱정벌레**

☐ **solucan** 솔루잔 **지렁이**

☐ **yumurta** 유무르타 **알**

☐ **larva** 라르바 **애벌레**

☐ **krizalit** 크리잘릿 / **pupa** 푸파 **번데기**

☐ **imago** 이마고 **성충**

☐ **duyarga** 두야르가 / **anten** 안텐 **더듬이**

☐ **iğne** 이네 **(곤충 등의) 침, 가시**

Balıklar 발륵라르 • Deniz Canlıları 데니즈 잔르라르
어류·해양 생물

1 인간

2 가정

3 수

4 도시

5 교통

6 업무

7 경제·사회

8 쇼핑

9 스포츠·취미

10 자연

☐ kolyoz 콜요즈 /
uskumru 우스쿰루 고등어

☐ Japon sombalığı
자폰 솜발르으 송어

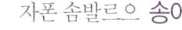

☐ yassı balık 얏스 발륵 /
pisi balığı 피씨 발르으 광어

☐ sazan 사잔 잉어

☐ somon balığı
소몬 발르으 연어

☐ sardalya
사르달리야 정어리

☐ orkinos 오르키노스 /
ton balığı 톤 발르으 참치

Ben ton balıklı Gimçicige'yi severim.
벤 톤 발륵르 김치찌개이 세베림
난 참치를 넣은 김치찌개가 좋아.

☐ köpekbalığı
쾨펙발르으 상어

☐ balina 발리나 고래

281

□ **mürekkep balığı** 뮈렉켑 발르으 / □ **ahtapot**

kalamar 칼라마르 오징어 아흐타폿 문어

□ **yengeç**

엥게츠 게

□ **karides** 카리데스 새우

Karidesler tatlı suda da
yaşar.
카리데스레르 타틀르 수다 다 야샤르
새우는 민물에서도 산다.

□ **istakoz**

으스타코즈 바닷가재

□ **istiridye**

이스티리디에 굴

□ **akvaryum balığı** 아크바리윰 발르으 /

Japon balığı 자폰 발르으 금붕어

Akvaryum balıkları süs amaçlı beslenir.
아크와리윰 발륵라르 쒸스 아마츨르 베슬레니르
금붕어는 관상용 물고기이다.

□ **deniz yosunu**

데니즈 요수누 해조류

□ **kaplumbağa** 카플룸바아 거북

Kaplumbağa, başlıca uzun ömürlü
hayvanlardandır.
카플룸바아 바쉴르자 우준 외뮈를뤼 하이반라른단드르
거북은 대표적인 장수 동물이다.

1 인간

2 가정

3 수

4 도시

5 교통

6 업무

7 경제·사회

8 쇼핑

9 스포츠·취미

10 지역

관련 단어

- □ **morina balığı** 모리나 발르으 대구
- □ **yılan balığı** 이을란 발르으 장어
- □ **midye** 미디예 대합
- □ **denizkulağı** 데니즈쿨라으 전복
- □ **deniz hıyarı** 데니즈 흐야르 해삼
- □ **denizyıldızı** 데니즈이을드즈 불가사리
- □ **nori** 노리 김
- □ **varek** 바렉 / **esmer yosun** 에스메르 요순 다시마
- □ **pul** 풀 (물고기의) 비늘
- □ **yüzgeç** 유즈게츠 지느러미
- □ **kuyruk yüzgeci** 쿠이룩 위즈게치 꼬리지느러미
- □ **solungaç** 솔룬가츠 아가미
- □ **perdeli ayak** 페르델리 아약 물갈퀴

dialog

A: Bu balığın adı nedir?
부 발르은 아드 네디르
이 물고기의 이름은 뭐예요?

B: Bu, Japon sombalığıdır.
부 자폰 솜발르으드르
그건 송어란다.

Meyveler 메이베레르 **과일**

• 터키인은 간식으로 견과류와 말린 과일을 즐겨 먹는다. 특히 터키에서는 견과류가 많이 생산되며, 북부 흑해지방의 헤이즐넛은 전세계 생산량의 70% 이상을 차지한다.

□ **elma** 엘마
사과

□ **armut**
아르뭇 배

□ **karpuz** 카르푸즈 **수박**

Buz gibi bir dilim karpuz
yesem….
부즈 기비 비르 딜림 카르부즈 예셈
얼음 같은 수박 한 조각 먹었으면….

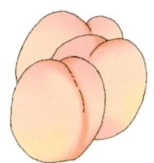

□ **şeftali** 세프탈리
복숭아

□ **üzüm** 위쥠 **포도**

□ **çilek** 칠렉 **딸기**

□ **mandalina**
만다리나 **귤**

□ **limon** 리몬 **레몬**

Limonda sitrik asit çokmuş.
리몬다 씨트릭 아싯 촉무쉬
레몬에는 구연산이 많대요.

□ kayısı 카이으스 살구

Ekmeğe kayısı reçeli sürüp yiyeyim.
에크메에 카이으스 레첼리 쉬륍 이예임
식빵에 살구잼을 발라 먹어야겠다.

□ portakal

포르타칼 오렌지

□ muz 무즈 바나나

Muz, hemen çürüyen bir meyvedir.
무즈 헤멘 취뤼엔 비르 메이베디르
바나나는 정말 빨리 변하는 과일이다.

□ Kavun

카운 멜론

□ cennet hurması

젠넷 후르마스 감

□ Mango

망고 망고

□ ananas

아나나스 파인애플

□ İncir 인지르 무화과

1 인간
2 가정
3 수
4 도시
5 교통
6 업무
7 경제·사회
8 쇼핑
9 스포츠·취미
10 자연

□ **yer fıstığı**
예르 프스트으 **땅콩**

□ **kestane**
케스타네 **밤**

□ **ceviz** 제비즈
호두

□ **fıstık** 프스특 /
şam-antep fıstığı
샴안텝 프스트으 **피스타치오**

□ **hurma** 후르마 **대추야자**

1 인간

2 가정

3 수

4 도시

5 교통

6 여가

7 경제·사회

8 쇼핑

9 스포츠·취미

10 지역

관련 단어

- □ **erik** 에릭 자두
- □ **kivi** 키위 키위
- □ **hünnap** 휜납 대추
- □ **badem** 바뎀 아몬드
- □ **fındık** 픈득 헤이즐넛
- □ **çam fıstığı** 참 프스트으 잣
- □ **kuru üzüm** 쿠루 위쥠 건포도

dialog

A: Erik kabızlığa çok iyi geliyormuş.
에릭 카브즐르아 촉 이이 겔리요르무쉬·
자두가 변비에 좋은 과일이래.

B: Öyle mi? Ben sadece elmayı biliyordum.
외일레 미 벤 사데제 엘마이으 빌리요르둠
그래? 난 사과만 생각했는데.

A: Zaten bütün meyveler genelde kabızlığa iyi gelir.
자텐 뷔튄 메이베레르 게넬데 카브즐르아 이이 겔리르
하긴 과일이라면 거의 다 좋겠지.

Bitkiler 비트키레르 식물

□ **yaprak**
야프락 잎

□ **dal** 달
나뭇가지

□ **yaş halkası**
야쉬 할카스 나이테

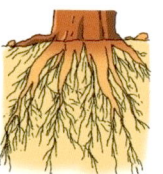

□ **kök** 쾩
(나무) 뿌리

□ **gövde** 괴브데
나무 줄기

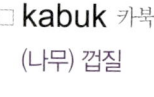

□ **kabuk** 카북
(나무) 껍질

□ **meyve** 메이베 열매

□ **tohum** 토훔 씨앗

□ **filiz** 필리즈
싹, 봉오리

□ **sap** 삽 줄기

□ **mabet ağacı** 마벳 아아즈 은행나무

Sonbahar geldiğinde mabet ağacı
gerçekten muhteşem olur.
손바하르 겔디인데 마벳 아아즈 게르첵텐 무흐테솀 올루르
가을의 은행나무는 정말 아름답다.

□ **çam ağacı**
참 아아즈 소나무

□ **palmiye** 팔미예 야자수

□ **meşe** 메셰 떡갈나무

Palamut, meşe ağacının meyvesidir.
팔라뭇 메셰 아아즈느 메이베씨디르
도토리는 떡갈나무의 열매란다.

관련 단어

□ **söğüt** 쐬윗 버드나무

□ **bambu** 밤부 대나무

□ **kestane ağacı** 케스타네 아아즈 밤나무

□ **çınar** 츠나르 플라타너스

□ **kavak** 카박 포플러

□ **Japon akçaağacı** 자폰 악차아아즈 단풍나무

1 인간
2 가정
3 수
4 도시
5 교통
6 업무
7 경제·사회
8 쇼핑
9 스포츠·취미
10 자연

Çiçekler 치첵레르 꽃

□ **gül** 귈 장미

□ **zambak**
잠박 **백합**

□ **lale** 라레 **튤립**

Lale, 16. yüzyılda Türkiye'den
Hollanda Kralı'na gönderilmiştir.
라레 온알튼즈 유즈이을다 튀르키예덴 홀란다
크랄르나 괸데릴미쉬티르
튤립은 16세기 터키에서 네덜란드 국왕에게
보내졌다.

□ **menekşe**
메넥셰 **제비꽃**

□ **süsen çiçeği**
쒸셴 치체이 **붓꽃**

□ **çöven otu**
최벤 오투 **안개꽃**

□ **orkide**
오르키데 **난초**

□ **karahindiba**
카라힌디바 **민들레**

□ **nilüfer çiçeği**
닐뤼페르 치체이 **연꽃**

□ **kasımpatı** 카슴파트 /
krizantem 크리잔템 국화

Dünyada çok çeşitli kasımpatı cinsi
bulunmaktadır.
된야다 촉 체시틀리 카슴파트 진씨 불룬막타드르
전세계적으로 국화의 종류는 무척 다양하다.

□ **ayçiçeği**
아이치체이 해바라기

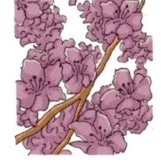

□ **açelya** 아첼리야 진달래

□ **kaktüs** 칵튀스 선인장

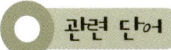
관련 단어

□ **şakayık** 샤카이윽 작약

□ **altın çanak** 알튼 차낙 / **hor çiçeği** 호르 치체이 개나리

□ **kamış** 카므쉬 갈대

□ **hanım püskülü** 하늠 퓌스퀼뤼 / **pampas otu** 팜파스 오투 억새

□ **ot** 옷 풀

□ **taç yaprak** 타츠 야프락 꽃잎

□ **çiçek tomurcuğu** 치첵 토무르주우 꽃봉오리

□ **polen** 폴렌 꽃가루

□ **çiçek anlamları** 치첵 안람라르 꽃말

1 인간
2 가정
3 수
4 도시
5 교통
6 업무
7 경제·사회
8 쇼핑
9 스포츠·취미
10 자연

Sebzeler 세브제레르 **채소**

□ Havuç 하우츠 당근

□ salatalık

Atların havuç sevdiğini biliyorsun değil mi?
아트라른 하우츠 세브디이니 빌리요르순 데일 미
말이 당근 좋아하는 거 알지?

살라타륵 오이

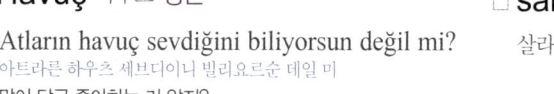

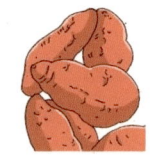

□ turp 투릅 /

□ patates

□ tatlı patates

Japon turbu

파타테스 감자

타틀르 파타테스 고구마

자폰 투루부 무

□ sarımsak 사름삭 마늘

□ yeşil soğan

□ soğan 소안

예실 소안 파

양파

□ Ispanak 으스파낙 시금치

Temel Reis, hakikaten ıspanağı sevmiş mi acaba?
테멜 레이스 하키카텐 으스파나으 세브미쉬 미 아자바
뽀빠이는 정말 시금치를 좋아했을까?

□ fasulye

파술리예 콩

□ **mantar** 만타르
버섯

□ **dolmalık biber**
돌마륵 비베르 **피망**

□ **marul** 마룰
상추

□ **kabak** 카박 **호박**

□ **biber** 비베르 고추

Bu küçük biber gerçekten çok acı!
부 퀴췩 비베르 게르첵텐 촉 아즈
작은 고추가 정말 맵네.

□ **domates** 도마테스 **토마토**

Domates, sebze mi yoksa meyve mi sorusu
çokta önemli değil.
도마테스 세브제 미 욕사 메이베 미 소루수 촉타 외넴리 데일
토마토가 채소인지 과일인지는 중요하지 않아.

관련 단어

□ **Çin marulu** 친 마룰루 배추

□ **brokoli** 브로콜리 **브로콜리**

□ **patlıcan** 파틀르잔 가지

□ **lotus kökü** 로투스 쾨퀴 연근

□ **zencefil** 젠제필 생강

□ **fasulye filizi** 파술리예 필리지 **콩나물**

□ **maş fasülyesi filizi** 마쉬 파쎌예씨 필리지 숙주나물

1 인간
2 가정
3 수
4 도시
5 교통
6 업무
7 경제·사회
8 쇼핑
9 스포츠·취미
10 자연

Manzara 만자라 **풍경**

☐ **göl** 괼 호수

☐ **nehir** 네히르 강

☐ **vadi** 바디 계곡

☐ **yayla** 야일라 고원

☐ **tepe** 테페 언덕, 구릉

☐ **mağara** 마아라 동굴

☐ **şelale** 셸랄레 폭포

☐ **dere** 데레 개울

☐ **uçurum** 우추룸 / **falez** 팔레즈 절벽

□ **eğim** 에임 (산)비탈

□ **orman** 오르만 숲

□ **çayır** 차이으르 초원

□ **dağ** 다 산

□ **yanardağ** 야나르다 화산

□ **kaya** 카야 바위

관련 단어

□ **çöl** 쵤 사막

□ **kumsal** 쿰살 백사장

□ **havza** 하부자 분지

□ **ufuk** 우푹 지평선

□ **su ufku** 수 우프쿠 수평선

1 인간
2 가정
3 수
4 도시
5 교통
6 업무
7 경제·사회
8 쇼핑
9 스포츠·취미
10 자연

Hava 하바 날씨

□ açık hava
아측 하바 맑은 날

□ bulut 불룻 구름

□ rüzgâr 뤼즈갸르
바람

□ kar 카르 눈

□ yağmur 야무르 비
□ sel 셀 홍수

□ gökkuşağı
괴쿠샤으 무지개

□ sis 씨스 안개

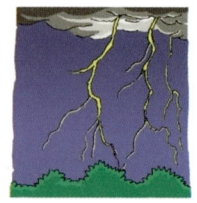

□ şimşek 심셱 번개

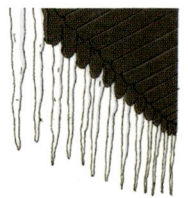

□ buz saçağı
부즈 사차으 고드름

관련 단어

- gökyüzü 괴유쥐 / gök 괵 하늘
- sağanak yağmur 스으낙 야무르 소나기, 폭우
- karla karışık yağmur 카를라 카르쉭 야무르 진눈깨비
- kırağı 크라으 서리
- dolu 돌루 우박
- buz 부즈 얼음
- kasırga 카스르가 폭풍우
- gök gürültüsü 괵 귀륄튀쒸 천둥
- kuraklık 쿠락륵 가뭄

- kapalı hava 카팔르 하바 흐린 날
- bulutlu 불루틀루 구름이 낀
- sisli 씨쓸리 안개가 낀
- rüzgâr esmek 뤼즈갸르 에스멕 바람이 불다
- yağmur yağmak 야무르 야으막 비가 내리다
- kar yağmak 카르 야으막 눈이 내리다
- nemli 넴리 습한
- nemsiz 넴씨즈 / kuru 쿠루 건조한

Maddeler 맛데레르 **물질**

□ **metal** 메탈 금속

□ **yağ** 야으 기름

□ **kömür** 쾨뮈르 석탄

□ **toprak** 토프락 토양

Toprak gittikçe kirlenmektedir.
토프락 깃틱체 키를렌멕테디르
토양은 점점 오염되고 있다.

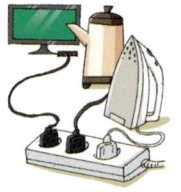

□ **elektrik** 엘렉트릭 전기

Elektrik bulunmasaydı….
엘렉트릭 부룬마사이드
전기가 발명되지 않았더라면….

□ **gaz** 가즈 기체

□ **sıvı** 스브 액체

□ **katı** 카트 고체

□ **ışık** 으윽 빛

□ **ateş** 아테쉬 불

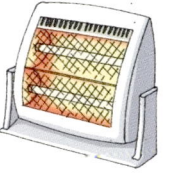

□ **ısı** 으스 열

□ **duman** 두만 연기

Bir zamanlar fabrika bacalarından çıkan dumanlar modernleşmenin simgesiydi.
비르 자만라르 파브리카 바자라른단 츠칸 두만라르 모데른레쉬메닌 씸게씨이디
한때 공장 굴뚝의 연기는 근대화의 상징이었지.

□ **su** 수 물

Bu musluk suyu direk içilebilir mi?
부 무스룩 수유 디렉 이칠레빌리르 미
수돗물을 그냥 먹어도 되나요?

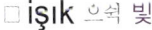

관련 단어

- □ **altın** 알튼 금
- □ **gümüş** 귀뮈쉬 은
- □ **bakır** 바크르 동
- □ **demir** 데미르 철
- □ **buhar** 부하르 증기
- □ **ses** 세스 소리

Renkler 렝크레르 **색상**

□ **beyaz** 베야즈
흰색

□ **gri** 그리 회색

□ **siyah** 씨야흐 검은색

□ **sarı** 사르 노란색

□ **turuncu** 투룬주
주황색

□ **kırmızı** 크르므즈
빨간색

□ **pembe** 펨베 분홍색

□ **mor** 모르 보라색

□ **yeşil** 예실 녹색

□ **mavi** 마비 파란색

□ **koyu mavi**

코유 마비 **짙은 청색**

□ **kahverengi**

카흐베렝기 **갈색**

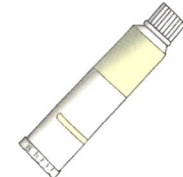

□ **fildişi rengi**

필디쉬 렝기 **상아색**

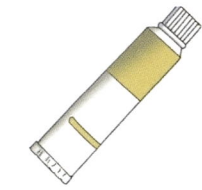

□ **bej** 베쥐 베이지색

Sence oradaki bej renk
pantalonlu kız nasıl?
센제 오라다키 베쥐 랭크 판타론루 크즈 나슬
베이지색 바지 입은 저 여자 어때?

□ **gümüş rengi** 귀뮈쉬 렝기 은색

Şu gümüş renkli bina yeni inşaa edilmiş.
슈 귀뮈쉬 렝클리 비나 예니 인샤아 에딜미쉬
저 은색 건물 새로 지었구나.

dialog

A: Hangi rengi seversiniz?
한기 렝기 세베르씨니즈
무슨 색을 좋아하세요?

B: Mor ve mavi rengi severim.
모르 베 마비 렝기 세베림
보라색이랑 파란색을 좋아해요.

1 인간
2 가정
3 수
4 도시
5 교통
6 업무
7 경제·사회
8 쇼핑
9 스포츠·취미
10 자연

Evren 에브렌 우주

□ **Güneş** 귀네쉬
해, 태양

□ **gezegen** 게제겐
행성, 혹성

□ **yıldız** 이을드즈 별

□ **Ay** 아이 달

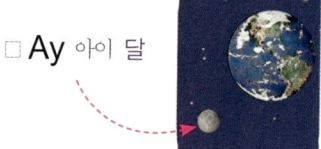

□ **Dünya** 뒨야 지구

Dünyanın geleceği nasıl olacak acaba?
뒨야는 겔레제이 나슬 올라작 아자바
지구의 미래는 어떻게 될까?

□ **gök taşı**
괵 타쉬 유성

□ **hilal** 힐랄 초승달

□ **yarım ay**
야름 아이 반달

□ **dolunay**
돌룬아이 보름달

1 인간

2 가정

3 수

4 도시

5 교통

6 언어

7 경제 · 사회

8 쇼핑

9 스포츠 · 취미

10 지연

관련 단어

- □ **galaksi** 갈락씨 은하계
- □ **güneş sistemi** 귀네쉬 씨스테미 태양계
- □ **Venüs** 베뉘스 금성
- □ **Mars** 마르스 화성
- □ **uydu** 우이두 위성
- □ **güneş tutulması** 귀네쉬 투툴마스 일식
- □ **ay tutulması** 아이 투툴마스 월식
- □ **astronomi** 아스트로노미 / **gök bilimi** 괵 빌리미 천문학
- □ **bilimsel teknoloji** 빌림셀 테크놀로지 과학 기술
- □ **astronot** 아스트로놋 우주 비행사
- □ **uzay mekiği** 우자이 메키이 우주 왕복선
- □ **UFO** 우포 미확인 비행 물체, UFO

dialog

A: Gerçekten UFO var mı? Bu konuda sen ne
düşünüyorsun?
게르첵텐 우포 와르 므 부 코누다 셴 네 뒤쉬뉘요르순
정말 UFO가 있을까? 넌 어떻게 생각해?

B: Bilmem, olabilir de olmaya bilir de. Emin değilim.
빌멤 올라빌리르 데 올마야 빌리르 데 에민 데일림
글쎄, 있을 것 같기도 하고…. 잘 모르겠어.

303

Dünya 된야 지구

☐ yer 예르 육지

☐ okyanus
오키야누스 대양

☐ deniz 데니즈 바다

☐ kıta 크타 대륙

☐ ada 아다 섬

☐ sıradağ
스라다 산맥

☐ körfez 쾨르페즈 만

☐ yarımada
야름아다 반도

☐ Kuzey Kutbu
쿠제이 쿳부 북극

☐ Güney Kutbu
귀네이 쿳부 남극

304

1 인간

2 가정

3 수

4 도시

5 교통

6 업무

7 경제·사회

8 쇼핑

9 스포츠·취미

10 자연

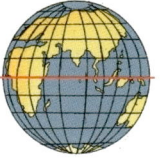

□ **boylam**
보일람 **경도**

□ **enlem**
엔렘 **위도**

□ **ekvator**
엑와토르 **적도**

□ **çöl** 첼 **사막**

□ **boğaz** 보아즈 /
geçit 게칫 **해협**

□ **hava** 하바 /
atmosfer
아트모스페르 **대기**

  dialog

---

A: Son zamanlarda dünyanın birçok yerinde doğal
afetler meydana geliyor. Bu çok ciddi bir durum.
손 자만라르다 뒨야는 비르촉 예린데 도알 아페트레르 메이다나 겔리요르
부 촉 짓디 비르 두룸

최근 지구 곳곳에서 천재지변이 발생하잖아. 심각한 일이야.

B: Hakikaten dünyanın geleceğinden endişeliyim.
하키카텐 뒨야는 겔레제인덴 엔디쉘리얌

정말 지구의 미래가 걱정된다.

Yönler 욘레르 • Taraflar 타라프라르 위치·방향

☐ **dış** 드쉬 / **dışarı** 드샤르 밖

☐ **iç** 이츠 / **içeri** 이체리 안

Kocasıyla evin içerisinde vedalaştı.
코자스일라 에빈 이체리씬데 베달라쉬트
그녀는 남편을 집 안에서 배웅했다.

☐ **ön** 왼 앞 ↔ ☐ **arka**
아르카 뒤

☐ **sol** 솔 왼쪽 ↔ ☐ **sağ** 사
오른쪽

☐ **yan** 얀 옆

Köpeğim geceleri yanımda
yatmak istiyor.
쾨페임 게제레리 야늠다 야트막 이스티요르
우리 강아지는 저녁에 내 옆에서 자고 싶어한다.

☐ **orta** 오르타 가운데

Ok uçtu ve tam hedefi 12'den
vurdu.
옥 우츠투 베 탐 헤데피 온이키덴 부르두
화살이 날아와 과녁 가운데 박혔다.

306

□ **üst** 위스트 위

□ **alt** 알트 아래, 밑

□ **karşı taraf** 카르쉬 타라프 건너편

□ **ara** 아라 사이

□ **evden istasyona kadar**
에브덴 이스타씨요나 카다르
집에서부터 역까지

관련 단어

□ **yakın** 야큰 가까운 ↔ **uzak** 우작 먼

□ **yukarıya** 유카르야 위로 ↔ **aşağıya** 아샤으야 아래로

□ **bura** 부라 여기

□ **şura** 슈라 저기

□ **ora** 오라 거기

□ **nere** 네레 어디

□ **kuzey** 쿠제이 북쪽

□ **güney** 귀네이 남쪽

□ **doğu** 도우 동쪽

□ **batı** 바트 서쪽

1 인간
2 가정
3 수
4 도시
5 교통
6 업무
7 경제 · 사회
8 쇼핑
9 스포츠 · 취미
10 자연

Unit 16

Zıt Anlamlı Kelimeler

줏 안람르 켈리메레르 **반대말**

□ **büyük** ↔ □ **küçük**

뷔윾 **큰**   퀴췩 **작은**

□ **yüksek** ↔ □ **alçak**

육섹 **높은**   알착 **낮은**

□ **aydınlık** 아이든륵 ↔ □ **karanlık** 카란륵

밝은   어두운

□ **yeni** 예니 **새로운** ↔ □ **eski** 에스키 **낡은**

Her zaman için eskisi yenisinden kötü olacak
diye bir şey yok.

헤르 자만 이친 에스키씨 예니씬덴 쾨퇴 올라작 디예 비르 셰이 욕
낡은 것이 새로운 것보다 나쁜 것은 아니다.

☐ **hafif** 하피프 가벼운 ↔ ☐ **ağır** 아으르 무거운

☐ **geniş** 게니쉬 넓은 ↔ ☐ **dar** 다르 좁은

☐ **iyi** 이이 좋은 ↔ ☐ **kötü** 쾨튀 나쁜

☐ **hızlı** 흐즐르 빠른 ↔ ☐ **yavaş** 야바쉬 느린

İster yavaş ol ister hızlı yeter ki işini hakkıyla yap.
이스테르 야바쉬 올 이스테르 흐즐르 예테르 키 이시니 학크일라 얍
좀 느리든 빠르든 자기 할 일을 제대로 해라.

1 인간
2 가정
3 수
4 도시
5 교통
6 업무
7 경제·사회
8 쇼핑
9 스포츠·취미
10 자연

Unit 16 **Zıt Anlamlı Kelimeler** ▶ ▶ ▶

☐ **güzel** 귀젤 아름다운 ⟷ ☐ **çirkin** 치르킨 추한

Çiçeklere bak. Her güzel şeyin de bir sonu vardır.
치첵레레 박 헤르 귀젤 셰인 데 비르 소누 와르드르
꽃을 봐. 아름다운 것도 언젠가는 추해지는 거야.

☐ **temiz** 테미즈 깨끗한 ⟷ ☐ **kirli** 키를리 더러운

☐ **keskin** 케스킨 예리한 ⟷ ☐ **kör** 쾨르 무딘, 둔한

☐ **gergin** 게르긴
팽팽한, 꽉 조이는 ⟷ ☐ **gevşek** 게브셱 /
laçka 라츠카 느슨한

□ **açmak** 아츠막 열다 ↔ □ **kapatmak** 카파트막 닫다

Niçin pencereyi sürekli açıp kapatıyorsun. Çok rahatsız oluyorum.
니친 펜제레이 쒸레클리 아츱 카파트요르순 촉 라핫스즈 올루요룸
창문을 왜 자꾸 열었다 닫았다 하는 거니? 신경쓰이게.

□ **kuru** 쿠루 마른, 건조한 ↔ □ **yaş** 야쉬 젖은, 습한

□ **dolu** 돌루 가득 찬 ↔ □ **boş** 보쉬 텅 빈

□ **gündüz** 귄뒤즈 낮 ↔ □ **gece** 게제 밤

Bugün, gece ve gündüzün eşit olduğu ekinoks günü.
부귄 게제 베 귄뒤쥔 에싯 올두우 에키녹스 귀뉘
오늘은 밤과 낮의 길이가 같은 춘분이야.

1 인간
2 가정
3 수
4 도시
5 교통
6 업무
7 경제·사회
8 쇼핑
9 스포츠·취미
10 자연

☐ **çalışkan** 찰르쉬칸 ⟷ ☐ **tembel** 템벨 게으른
부지런한

☐ **zengin** 젠긴 부유한 ⟷ ☐ **fakir** 파키르 가난한

☐ **saldırmak** 살드르막 공격하다 ⟷ ☐ **savunmak** 사운막 방어하다

O, hem saldırı aracı mızrağa hem de savunma aracı olan kalkana
sahip bir adam.

오 헴 살드르 아라즈 므즈라아 헴 데 사분마 아라즈 올란 칼카나 사힙 비르 아담

그는 공격하는 창과 방어하는 방패를 둘 다 가진 사람이다.

☐ **bekâr** 베캬르 미혼의 ⟷ ☐ **evli** 에블리 결혼한

1 인간

2 가정

3 수

4 도시

5 교통

6 업무

7 경제 · 사회

8 쇼핑

9 스포츠 · 취미

10 자연

관련 단어

□ **uzun boylu** 우준 보일루 키가 큰

　↔ □ **kısa boylu** 크사 보일루 키가 작은

□ **şişman** 시시만 뚱뚱한

　↔ □ **zayıf** 자이으프 여윈, 마른

□ **soğuk** 소욱 추운

　↔ □ **sıcak** 스작 더운

□ **mutlu** 무틀루 행복한

　↔ □ **üzgün** 위즈귄 슬픈, 불행한

□ **sevmek** 세브멕 좋아하다

　↔ □ **nefret etmek** 네프렛 에트멕 싫어하다

□ **çok** 촉 많은

　↔ □ **az** 아즈 적은

□ **gösterişli** 괴스테리실리 화려한

　↔ □ **sade** 사데 / **basit** 바싯 단순한, 소박한

□ **güçlü** 귀츨뤼 강한

　↔ □ **zayıf** 자이으프 약한

□ **başlamak** 바쉴라막 시작하다

　↔ □ **bitmek** 비트멕 끝나다

Ülke ve Başkent Adları 윌케 베 바쉬켄트 아들라르
나라 이름 · 수도 이름

아시아 Asya 아시아

□ 네팔 **Nepal** 네팔 　□ 카트만두 **Katmandu** 카트만두		3,050만
□ 대만 **Tayvan** 타이완 　□ 타이베이 **Taipei** 타이페이		2,338만
□ 라오스 **Laos** 라오스 　□ 비엔티안 **Vientiane** 비엔티안		660만
□ 레바논 **Lübnan** 뤼브난 　□ 베이루트 **Beyrut** 베이룻		413만
□ 말레이시아 **Malezya** 말레지야 　□ 쿠알라룸푸르 **Kuala Lumpur** 쿠알라 룸푸르		2,884만
□ 몽골 **Moğolistan** 모올리스탄 　□ 울란바토르 **Ulan Batur** 울란 바투르		290만
□ 미얀마 **Myanmar** 미얀마르 　□ 네피도 **Naypyidaw** 네피도		5,517만
□ 방글라데시 **Bangladeş** 방글라데쉬 　□ 다카 **Dakka** 닥카		1억6만
□ 베트남 **Vietnam** 비에트남 　□ 하노이 **Hanoi** 하노이		8,878만

314

1 인간

2 가정

3 수

4 도시

5 교통

6 업무

7 경제 · 사회

8 쇼핑

9 스포츠 · 취미

10 지역

□ 북한 Kuzey Kore 쿠제이 코레
　　□ 평양 Pyongyang 평양 … 2,485만

□ 사우디아라비아 Suudi Arabistan 수우디 아라비스탄
　　□ 리야드 Riyad 리야드 … 2,963만

□ 스리랑카 Sri Lanka 스리랑카 … 2,043만
　　□ 콜롬보 Kolombo 콜롬보

□ 시리아 Suriye 수리예 … 2,251만
　　□ 다마스쿠스 Şam 샴

□ 싱가포르 Singapur 싱가푸르 … 540만
　　□ 싱가포르 Singapur 싱가푸르

□ 아프가니스탄 Afganistan 아프가니스탄
　　□ 카불 Kâbil 카빌 … 3,110만

□ 예멘 Yemen 에멘 … 2,540만
　　□ 사나 San'a 사나

□ 우즈베키스탄 Özbekistan 외즈베키스탄
　　□ 타슈켄트 Taşkent 타쉬켄트 … 2,560만

□ 이라크 Irak 으락 … 3,427만
　　□ 바그다드 Bağdat 바닷

□ 이란 Iran 이란 … 7,985만
　　□ 테헤란 Tahran 타흐란

□ 이스라엘 İsrail 이스라일 … 775만
　　□ 예루살렘 Kudüs 쿠뒤스

□ 인도 Hindistan 힌디스탄   12억1,000만
  □ 뉴델리 Yeni Delhi 예니 델히

□ 인도네시아 Endonezya 엔도네지야   2억4천만
  □ 자카르타 Cakarta 자카르타

□ 일본 Japonya 자폰야   1억2천만
  □ 도쿄 Tokyo 톡쿄

□ 중국 Çin 친   13억6천만
  □ 베이징 Pekin 페킨

□ 카자흐스탄 Kazakistan 카자키스탄   1,490만
  □ 아스타나 Astana 아스타나

□ 캄보디아 Kamboçya 캄보치야   1,468만
  □ 프놈펜 Phnom Penh 프놈펜

□ 태국 Tayland 타일란드   6,700만
  □ 방콕 Bangkok 방콕

□ 터키 Türkiye 튀르키에   6,700만
  □ 앙카라 Ankara 앙카라

□ 파키스탄 Pakistan 파키스탄   1억9,323만
  □ 이슬라마바드 İslamabad 이슬라마밧

□ 필리핀 Filipinler 필리핀레르   1억600만
  □ 마닐라 Manila 마닐라

1 인간

2 가정

3 수

4 도시

5 교통

6 업무

7 경제·사회

8 쇼핑

9 스포츠·취미

10 지역

□ 한국 Kore 코레 4,850만
  □ 서울 Seul 세울
  ※ 대한민국 Kore Cumhuriyeti 코레 줌후리예티
    남한 Güney Kore 귀네이 코레

유럽 Avrupa 아우르파

□ 그리스 Yunanistan 유나니스탄 1,078만
  □ 아테네 Atina 아티나

□ 네덜란드 Hollanda 홀란다 1,679만
  □ 암스테르담 Amsterdam 암스테르담

□ 노르웨이 Norveç 노르베츠 509만
  □ 오슬로 Oslo 오슬로

□ 덴마크 Danimarka 다니마르카 559만
  □ 코펜하겐 Kopenhag 코펜학

□ 독일 Almanya 알만야 8,115만
  □ 베를린 Berlin 베를린

□ 러시아 Rusya 루씨야 1억4,290만
  □ 모스크바 Moskova 모스코바

□ 루마니아 Romanya 로마냐 2,012만
  □ 부쿠레슈티 Bükreş 뷔크레쉬

□ 룩셈부르크 Lüksemburg 뤽셈 부룩 47만
  □ 룩셈부르크 Lüksemburg 뤽셈부룩

□ 벨기에 Belçika 벨치카   1,116만
  □ 브뤼셀 Brüksel 브뤽셀

□ 스웨덴 İsveç 이스베츠   949만
  □ 스톡홀름 Stockholm 스톡홀름

□ 스위스 İsviçre 이스비츠레   803만
  □ 베른 Bern 베른

□ 스페인 İspanya 이스판야   4,660만
  □ 마드리드 Madrid 마드리드

□ 아일랜드 İrlanda 이를란다   477만
  □ 더블린 Dublin 두블린

□ 영국 İngiltere 잉길테레   6,318만
  □ 런던 Londra 론드라

□ 오스트리아 Avusturya 아우스투리야   822만
  □ 빈 Viyana 비야나

□ 우크라이나 Ukrayna 우크라이나   4,457만
  □ 키예프 Kiev 키에브

□ 이탈리아 İtalya 이탈야   6,148만
  □ 로마 Roma 로마

□ 체코 Çek Cumhuriyeti 첵 줌후리예티
  □ 프라하 Prag 프라그   1,016만

□ 포르투갈 Portekiz 포르테키즈   1,042만
    □ 리스본 Lizbon 리즈본

□ 폴란드 Polonya 폴로냐   3,852만
    □ 바르샤바 Varşova 바르쇼바

□ 프랑스 Fransa 프란사   6,366만
    □ 파리 Paris 파리스

□ 핀란드 Finlandiya 핀란디야   545만
    □ 헬싱키 Helsinki 헬신키

□ 헝가리 Macaristan 마자리스탄   998만
    □ 부다페스트 Budapeşte 부다페쉬테

아프리카 Afrika 아프리카

□ 가나 Gana 가나   2,519만
    □ 아크라 Akra 아크라

□ 나이지리아 Nijerya 니제리야   1억7,500만
    □ 아부자 Abuja 아부자

□ 남아프리카공화국 Güney Afrika Cumhuriyeti
   귀네이 아프리카 줌후리예티   5,298만
    □ 프리토리아 Pretoria 프레토리아

□ 모로코 Fas 파스   3,285만
    □ 라바트 Rabat 라밧

1 인간
2 가정
3 수
4 도시
5 교통
6 업무
7 경제 · 사회
8 쇼핑
9 스포츠 · 취미
10 지역

□ 수단 Sudan 수단   3,485만
  □ 하르툼 Hartum 하르툼

□ 알제리 Cezayir 제자이르   3,800만
  □ 알제 Cezayir 제자이르

□ 에티오피아 Etiyopya 에티오피야   9,387만
  □ 아디스아바바 Addis Ababa 아디스 아바바

□ 우간다 Uganda 우간다   3,760만
  □ 캄팔라 Kampala 캄팔라

□ 이집트 Mısır 므스르   9,500만
  □ 카이로 Kahire 카히레

□ 케냐 Kenya 켄야   4,404만
  □ 나이로비 Nairobi 나이로비

□ 탄자니아 Tanzanya 탄잔야   4,920만
  □ 도도마 Dodoma 도도마

오세아니아 Okyanusya 오키야누스야

□ 뉴질랜드 Yeni Zelanda 예니 젤란다   445만
  □ 웰링턴 Wellington 웰링톤

□ 호주 Avustralya 아우스트랄리야 2,268만
□ 캔버라 Canberra 칸베라

아메리카 Amerika 아메리카

□ 멕시코 Meksika 멕씨카 1억1,620만
□ 멕시코시티 Meksiko 멕씨코

□ 미국 Amerika Birleşik Devletleri (ABD) / Amerika
아메리카 비를레식 데블렛레리 (아베데) / 아메리카
□ 워싱턴 Washington 와싱톤 3억189만

□ 베네수엘라 Venezuela 베네주엘라 2,887만
□ 카라카스 Karakas 카라카스

□ 브라질 Brezilya 브레질야 1억9천만
□ 브라질리아 Brazilya 브라질야

□ 아르헨티나 Arjantin 아르잔틴 4,130만
□ 부에노스아이레스 Buenos Aires 부에노스 아이레스

□ 칠레 Şili 실리 1,740만
□ 산티아고 Santiago 산티아고

□ 캐나다 Kanada 카나다 3,506만
□ 오타와 Ottawa 옷타와

□ 콜롬비아 Kolombiya 콜롬비야 4,760만
□ 보고타 Bogota 보고타

1 인간
2 가정
3 수
4 도시
5 교통
6 업무
7 경제 · 사회
8 쇼핑
9 스포츠 · 취미
10 자연

□ 쿠바 Küba 퀴바   1,124만
   □ 아바나 Havana 하바나

□ 페루 Peru 페루   2,900만
   □ 리마 Lima 리마

관련 단어

□ dünya 뒨야 세계

□ ülke 윌케 나라, 국가

□ vatandaş 바탄다쉬 / halk 할크 국민

□ nüfus 뉘푸스 인구

□ başkent 바쉬켄트 수도

□ şehir 셰히르 도시

□ mahalle 마할레 마을

□ memleket 멤레켓 고향

□ kültür 퀼튀르 문화

□ bağımsız ülke 바음스즈 윌케 독립국

□ cumhuriyet 줌후리옛 공화국

□ krallık ülkesi 크랄륵 윌케씨 왕국

□ gelişmiş ülke 겔리쉬미쉬 윌케 선진국

□ gelişmekte olan ülke 겔리쉬멕테 올란 윌케 개발도상국

□ gelişmemiş ülke 겔리쉬메미쉬 윌케 후진국

1 다음 단어를 터키어 혹은 우리말로 고쳐 보세요.

a) 얼룩말 _____   코끼리 _____

   뱀 _____   호랑이 _____

   사슴 _____

b) 백조 _____   kırlangıç _____

   독수리 _____   부엉이 _____

   turna _____

2 다음 그림과 단어를 연결해 보세요.

• • • • •

• • • • •

çekirge   ateş böceği   kelebek   yusufçuk   örümcek

3 다음 보기에서 단어를 골라 빈칸에 써넣어 보세요.

a) karides ton balığı sazan somon balığı
   köpekbalığı balina
b) çilek yer fıstığı şeftali kuru üzüm incir ceviz
c) filiz tohum yaprak meşe çam bambu
d) kara hindiba ayçiçeği orkide nilüfer çiçeği
   menekşe

a) 참치 _____   새우 _____   연어 _____

잉어 _____   상어 _____   고래 _____

b) 호두 _____   무화과 _____   딸기 _____

복숭아 _____   땅콩 _____   건포도 _____

c) 잎 _____   싹 _____   씨앗 _____

떡갈나무 _____   대나무 _____   소나무 _____

d) 해바라기 _____   민들레 _____   제비꽃 _____

난초 _____   연꽃 _____

4 다음 그림과 단어를 연결해 보세요.

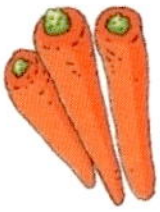

havuç   biber   salatalık   sarımsak   mantar

5 다음 단어를 터키어 혹은 우리말로 고쳐 보세요.

a) 호수 _____   언덕 _____

uçurum _____   숲 _____

kaya _____   북쪽 _____

b) 눈 _____   bulut _____

   하늘 _____   rüzgar _____

   얼음 _____   비 _____

c) 기름 _____   elektrik _____

   불 _____   빛 _____

   su _____   소리 _____

d) 회색 _____   갈색 _____

   녹색 _____   fildişi rengi _____

   gümüş rengi _____

e) 해 _____   Dünya _____

   달 _____   보름달 _____

   별 _____   galaksi _____

f) 섬 _____   육지 _____

   çöl _____   해협 _____

   ekvator _____   바다 _____

6 다음 빈칸에 알맞은 터키어를 써넣어 보세요.

a) 밖으로 나가자.   _____ya çıkalım.

b) 집에서부터 역까지   _____ den _____ kadar.

c) 바다 밑에서   denizin _____

7 다음 빈칸에 알맞은 터키어 혹은 우리말을 써넣어 보세요.

a) büyük 크다 ↔ _____ 작다

aydınlık _____ ↔ _____ 어둡다

b) _____ 넓은 ↔ dar _____

mutlu 행복한 ↔ _____ 슬픈, 불행한

c) _____ 깨끗한 ↔ _____ 더러운

zengin 부유한 ↔ _____ 가난한

8 다음을 우리말로 고쳐 보세요.

a) Tayland _____   Japonya _____

Avustralya _____   Çin _____

Hindistan _____   Türkiye _____

b) Amerika _____   İngiltere _____

Almanya _____   İtalya _____

Fransa _____   Rusya _____

c) dünya _____   başkent _____

kültür _____   vatandaş _____

ülke _____   mahalle _____

정답

1 a) zebra   fil   yılan   aslan   geyik
　 b) kuğu   제비   akbaba   baykuşu   학

2 거미 – örümcek   잠자리 – yusufçuk   나비 – kelebek   메뚜기 – çekirge
개똥벌레 – ateş böceği

3 a) ton balığı   karides   somon balığı   sazan   köpekbalığı   balina
　 b) ceviz   incir   çilek   şeftali   yer fıstığı   kuru üzüm
　 c) yaprak   filiz   tohum   meşe   bambu   çam
　 d) ayçiçeği   kara hindiba   menekşe   orkide   nilüfer çiçeği

4 오이 – salatalık   마늘 – sarımsak   당근 – havuç   버섯 – mantar
고추 – biber

5 a) göl   tepe   절벽   orman   바위   kuzey
　 b) kar   구름   gökyüzü   바람   buz   yağmur
　 c) yağ   전기   ateş   ışık   물   ses
　 d) gri   kahverengi   yeşil   상아색   은색
　 e) Güneş   지구   Ay   dolunay   yıldız   은하계
　 f) ada   yer   사막   boğaz   적도   deniz

6 a) Dışarı
　 b) ev   istasyona
　 c) altında

7 a) küçük   밝다   karanlık
　 b) geniş   좁다   üzgün
　 c) temiz   kirli   fakir

8 a) 태국   일본   호주   중국   인도   터키
　 b) 미국   영국   독일   이탈리아   프랑스   러시아
　 c) 세계   수도   문화   국민   나라   마을

Index

● Theme 10의 unit 17 **나라 이름 · 수도 이름** 부분과 dialog / **터키 문화 엿보기** 부분
  등은 색인에서 제외하였습니다.

한글 색인

ㄹ

346

한글 색인

타카오 색인

ㅍ

터키어 색인

C c

D d

한글 색인

터키어 색인

찾아보기

타키어 색인

L l

P p

387

웹하드에서
mp3 파일 다운 받는 방법

🔍 다운 방법

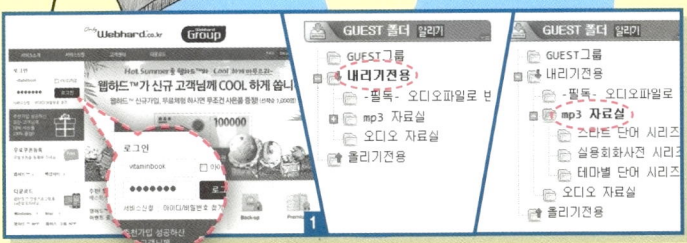

STEP 01
웹하드 (www.webhard.co.kr)에 접속
아이디 (vitaminbook) 비밀번호 (vitamin) 로그인 클릭

STEP 02
내리기전용 클릭

STEP 03
Mp3 자료실 클릭

STEP 04
테마별 회화 터키어 단어2300 클릭하여 다운

한 번만 봐도 기억에 남는
테마별 회화 터키어 단어 2300

초판 3쇄 발행 | 2022년 6월 30일

지은이 | 양민지
감 수 | Hatice Köroğlu Türközü
교 정 | Merve Kahrıman
편 집 | 이말숙
디자인 | 유형숙
그린이 | 황종익

제 작 | 선경프린테크
펴낸곳 | Vitamin Book
펴낸이 | 박영진

등 록 | 제318-2004-00072호
주 소 | 07251 서울특별시 영등포구 영신로 40길 18 윤성빌딩 405호
전 화 | 02) 2677-1064
팩 스 | 02) 2677-1026
이메일 | vitaminbooks@naver.com
웹하드 | ID vitaminbook   PW vitamin

© 2016 Vitamin Book

ISBN 978-89-92683-76-0 (13730)

잘못 만들어진 책은 바꿔드립니다.